LE
PHILOSOPHE
MORAL.

Par MR *CHEVREAV.*

A PARIS,
Chez ANTOINE DE SOMMAVILLE,
au Palais, sur le deuxiéme Perron, allant
à la Sainte-Chapelle, à l'Escu
de France.

M. DC. LVI.
AVEC PRIVILEGE DV ROY.

LE LIBRAIRE
AV LECTEVR.

E te donne ce Philoso-phe Moral, en l'absen-ce de son Autheur: Il se-roit à souhaitter qu'il m'eust en-uoyé vne Preface à son Liure, qui t'eust instruit de la metho-de, dont il se sert pour traitter sa Morale; mais ie te puis as-seurer, en ayant esté instruit par des personnes tout à fait intelli-gentes, qu'il mesle l'éloquence au raisonnement, & qu'encore qu'il ait toute la solidité que demande son sujet, elle est accompagnée de tant de beaux traits d'humanité que son Ouvrage ne plaira pas moins aux Dames, qu'il satisfera les Sçauans.

LE PHILOSOPHE MORAL.

PREMIERE PARTIE.

PREFACE.

L'IGNORANCE & le peché sont tellement inseparables, que l'Escriture Sacrée n'en fait bien souuent qu'vne mesme chose : Et le Serpent de la Genese ne pouuoit mieux engager nos premiers Parents à manger du fruit deffendu, qu'en les asseurant qu'ils auroient la cónoissance du Bien & du Mal; & qu'ils seroient égaux à Dieu par vne si grande lumiere. La curiosité de sçauoir est telle, que nous l'apportons au monde, auec les autres conditions de nostre nature. Et ce desir est si iuste que ce n'est pas estre Homme, selon Dauid, que de n'en pas faire vne des occupations de la vie. En effet, l'Homme est porté naturellement à suiure son Bien, & comme son Bien, en ce qu'il est homme,

MORAL. I. PARTIE. 3

est de connoistre, & que toutes choses ont esté faites pour luy, nous voyons qu'il veut tout aprofondir pour en faire son aduantage. Mais parce que toutes les Sciences ont des obiets separez, & differents; & qu'elles tirent de leur fin, leur gloire & leur prix; on peut dire qu'il n'en est point de plus noble que la Morale. Aussi n'est-ce pas le sentiment d'vn seul Philosophe; la maxime d'vne Secte, ou la loy d'vne Religion particuliere ; mais vn consentement general, & la creance du Peuple & des Sages; que de toutes les connois-

A ij

sances, celle qu'on a de soy-mesme, en est la plus importante & la plus heureuse. Ceux qui ont plus de soin des affaires étrangeres que des domestiques, & qui negligent les vnes, pour s'attacher aux autres auec trop d'opiniastreté, peuuent estre comparez à cette Lamie des Poëtes, qui voyoit tout ce qui se faisoit au dehors, & qui estoit aueugle chez elle. Ils se font vn aduantage de ce qu'ils peuuent ignorer sans honte : Ils s'échauffent où ils deuroient s'éclaircir; & courent apres des Biens inutiles, pendant qu'ils perdent les plus necessaires. Il n'est point de Secret qu'ils ne découurent, hors celuy qui leur deuroit estre le plus connu: & quãd ils reseruent pour les choses basses, l'estude qu'ils deuroient donner aux plus hautes, ils violent vn ordre dont ils ne peuuent s'éloigner sans crime, & ne font gueres moins, en quelque sorte, que les Habitans de Calicut, qui mettent Dieu sur le marche-pied, & le Diable sur le Thrône. Apres vne recherche longue & vaine, on peut dire de ces curieux auec vn Prophete, Qu'ils ont beaucoup semé, sans auoir beaucoup recueilli: Qu'ils ont mãgé, sans auoir esté rassasiez; & qu'apres auoir beu, ils n'en sont ny plus ioyeux ny moins à plaindre. Il ne faut donc pas s'estonner que ce precepte de *se connoistre soy-mesme*, ait esté en si haute veneration dans la vieille Grece, & dans la premiere Italie; & qu'entre quelques Anciens qui l'ont attribué à Thales, comme Diogene; à l'Oracle de Delphes, comme Platon; à Pythagore, comme Ouide; à Chilon, comme Ausone, & Pline; il s'en soit trouué qui l'ayent fait descendre du Ciel, comme

Iuuenal, & que d'autres ayent soûtenu qu'il estoit sorty de la bouche mesme d'vn Dieu. Cependant comme le plus grand de tous les Orateurs Latins, écrit que ce precepte n'auoit pas esté seulement donné pour diminuer nostre orgueil; mais pour nous faire voir nos aduantages, il est certain que peu de personnes examinent ces deux conditions differentes, & qu'ils ne regardent pas plus la verité qui nous dit à chacun en particulier, *Reconnois ta foiblesse, et t'humilie*, que cette autre, *Reconnois ta perfection, & te*

LE PHILOSOPHE

releue. C'est pour cela que le Philosophe Moral s'instruit de sa bassesse, & de sa grandeur: qu'il estudie ses defauts & ses priuileges, & qu'il monte iusques aux derniers degrez de sa condition & de son estre. Il apprend heureusement à ménager les Dons de la Nature, & de la Fortune: Il demeure ferme entre le desir, & la crainte, & se conserue tout entier dans les precipices, & dans les ruines. Il ne partage point son esprit entre ce qu'il doit euiter, & ce qu'il doit suiure. Quoy qu'il arriue, il est preparé à tout, & se tient

MORAL. I. PARTIE. 9
à l'anchre où les autres flottent, comme ces Isles des Fables qui ne s'arrestent en aucun lieu. Il est Hardy sans estre Brutal: Indifferent sans estre Stupide: Heureux sans estre Vain, & Content sans estre Riche. Il tient la mesme Posture dans la misere, que dans l'abondance: dans l'exil, que dans l'employ: dans la maladie que dans la santé.

Dans sa ioye et dans son ennuy,
Il fait autant que la figure
Qui ne change point de posture,
Pour chăger de Baze et d'apuy.

S'il est frappé de quelque accident étrange, il le supporte & le deffie tout ensemble ; & comme les Naturalistes soûtiennent que l'Eau salée deuient douce dans la bouche du poisson qu'ils appellent Faste, la mesme amertume changeroit de qualité dans le cœur du Sage. Il est comme cette Mer qui n'est iamais suiette aux Tempestes ; Où s'il s'en forme chez luy, quand il songe ailleurs, il les dissipe aussi-tost qu'elles s'éleuent, & s'étonne plus de son imprudence que de leur force. Il commande aux passions, comme s'il commandoit à des esclaues : Il leur fait des Loix comme leur maistre & leur Souuerain, & les chasse ou les appaise, selon qu'elles luy sont suspectes, & qu'elles paroissent insolentes, ou furieuses. Pour estre pleinemét instruits de cette Science, d'où nous viennent tant de Miracles, apres l'auoir examinée en elle mesme, nous l'examinerons par le fruit qu'on en peut tirer ; & si Platon comptoit la Rhetorique entre les Arts qui seruent à la Volupté, nous pouuons bien compter la Morale entre les

Sciences qui feruent à noſtre repos, puis qu'elle ne ſe contente pas de nous découurir le Souuerain Bien; mais qu'elle nous porte encore dans le chemin qui nous y conduit; & qu'on pourroit dire à peu prés en faueur de ceux qui nous l'ont donnée; ce qu'vn Grec dît autrefois en faueur de Lycurgue, qu'il ne ſçauoit s'il le deuoit mettre au rang des Dieux, ou au rang des hommes.

Pour tenir quelque methode dans ce Traitté, ie parleray premierement de la Morale: Et parce que ſon employ eſt de nous porter au Bien, il est necessaire de traitter en suitte de la nature du Bien, & de la Fin, puisque toutes choses tendent à leur fin, & qu'il y en a vne derniere qui est le Souuerain Bien : Or comme les mœurs sont des Habitudes; que les Habitudes viennent des Actions, & que les Actions ont leurs Principes, ie parleray des actions Humaines dans la Seconde Partie. Dans la Troisiéme ie feray voir les Passions qui sont d'autres Principes de ces Actions: car on dit que la Passion nous a portez à telle, ou à telle chose, & ie traitteray des Habitudes & des Actions dans la Quatriéme partie. Mais qu'on ne me reproche point d'auoir quelquesfois suiuy les Philosophes Anciens, & quelques-fois les Philosophes modernes: Ie respecte les vns & les autres, & respecte encore plus la verité. Ie ne suis ny leur interprete ny leur esclaue: Ie prens le party qui me paroist le plus seur; & ne laisse pas d'estimer celuy que ie trouue le plus foible.

CHAPITRE PREMIER.

De la Morale.

LA Morale, qui a pris son nom des Mœurs dont elle se reserue la conduite, a esté selon quelques-vns la plus forte occupation de Pythagore, qui sceut y ioindre la Musique de si bonne grace, qu'il en appaisoit les Passions les plus tumultueuses & les plus farouches : & si nous en croyons Aristote, il fut le premier qui traitta de la Vertu. Ciceron qui veut que Socrate en ait la gloire, dit qu'il tira cette Philosophie du Ciel ; Et le soin qu'il eut de l'embellir, luy fut si aduantageux, que l'Oracle le nomma le plus sage de toute la Grece.

Elle peut estre consideree en deux façons, ou par son nom propre, ou par son employ. Si elle est consideree vniuersellemét par les mœurs, les Cyrenaïques soustiennét que chaque Païs a sa Morale, parce que chaque Païs a sa coustume, & que les choses ne sont bonnes ou mauuaises, qu'en ce que l'vsage les permet ou les deffend.

fend. C'est ainsi que la Charité nourrit les Peres en certains endroits, & qu'elle les assomme en quelques autres: Que l'Intemperance est meritoire chez quelques Chinois dont la Deuotion a fondé des lieux publics pour l'vsage des passants: Que le larcin estoit authorizé chez les Lacedemoniens: Que plusieurs ont mis la Iustice dans la Violence: Que d'autres comptent la Misericorde entre les bassesses de l'Ame, & que la vertu d'vn Païs est le vice & l'horreur d'vn autre.

Mais si on considere la Morale par son employ, elle est merueilleuse autant qu'elle est necessaire. Elle produit en nous le mesme effet que cette Pierre des Naturalistes qui n'est pas plustost iettée dans la Mer, à ce qu'ils croyent, qu'elle en appaise les orages. Elle prend la conduite de la volonté qui est aueugle: Elle fait voir à l'entendement ce qu'il cherche & ce qu'il aime: Elle entretient l'Ame de sa puissance & de son deuoir; & pendant qu'elle pousse quelques-vnes de ses Facultez, elle en retient d'autres qui s'échappent & qui s'emportent.

Elle a des remedes pour toutes les maladies ; des regles pour tous nos desseins ; des preceptes pour toutes nos mœurs. C'est pour cette raison qu'elle nous est absolument necessaire, puis que nous auons besoin de quelque Habitude pour corriger nos defauts, & pour nous releuer de nos doutes ; & qu'elle est appellée *la Science du Bien & du Mal: l'Art de bien viure: Vne Science qui nous enseigne à regler nos mœurs pour nous conduire à la felicité.*

Elle est diuisée, selon les Stoïciens, en celle qui regarde generalement les Mœurs, la Vertu en foy & en fes efpeces, & les Confequences generales qu'on en peut tirer; comme quand elle dit que la *Vertu eſt vne habitude; qu'elle eſt entre deux extremitez; & qu'il y en a quelques-vnes qui peuuent eſtre rapportées au corps, & quelques autres à l'Ame.* L'autre Morale, felon les mefmes Philofophes, eſt celle qui paſſe de la connoiſſance aux preceptes, & qui ne fe contente pas de nous faire voir fimplement le Bien; mais qui nous enfeigne encore les moyens de le pratiquer,

& qui nous dit que cette vertu doit eftre l'vn de nos exercices; *Que nous deuons du refpect à nos Magiftrats et à nos Peres; et qu'il eft de noftre deuoir de nous porter auec ardeur pour la deffence de la Religion et de la Patrie.* La premiere peut eftre comparée à celuy qui fait la reueuë des trouppes, & la Seconde à celuy qui donne les ordres. Celle-là nous donne la connoiffance du Bien, & celle-cy nous en donne la ioüiffance.

L'école fait trois belles efpeces de la Morale, quand elle les rapporte à toutes les actions de l'Homme. Elle dit qu'elle peut estre occupée diuersement à son Bien propre; à celuy de sa famille, & à celuy d'vn Estat. Par la premiere, l'Homme se conduit: par la seconde, il gouuerne sa maison; & par la troisiéme il se rend vtile à la Republique. Dans l'ordre du temps, la vie particuliere doit aller deuant les deux autres, parce que l'Homme doit se connoistre luy mesme, auant que de s'instruire des moyens de gouuerner sa famille; & s'estre rendu Sçauant dans la conduite de celle-cy, pour estre plus heureux, & plus estimé dans le gouuernement d'vn Estat, ou d'vne Ville. Celuy qui vouloit se méler du Bien Public, fut repris auec iustice, de croire qu'il peust faire ailleurs, ce qu'il ne pouuoit faire chez soy. Ce fut auec la mesme raison qu'on se mocqua de l'Orateur Gorgias qui haranguoit les Grecs, aux ieux Olympiques, pour les prier de bien viure les vns auec les autres, & qu'on le fit taire, pour vouloir persuader à tout vn Peuple, de se conseruer dans vne paix qu'il n'auoit pu encore persuader à sa femme, ni à sa seruãte qui estoient tousiours en querelle. Mais si cette partie de la Morale qui regarde l'Homme en luy mesme, est la premiere à l'égard du Temps, il est certain qu'en Dignité l'autre est aussi la plus releuée, puis qu'vn Estat est plus important qu'vne famille, & le Tout plus considerable que la Partie.

Ce partage auroit besoin de quelque Traité particulier, pour les Gouuernements, & pour les Magistratures : Mais comme vne si grande matiere peut estre à peine resserrée dans vn Volume, ie me contenteray de dire en paſſant, qu'il y a trois ſortes d'Eſtats dont l'vn eſt appellé Monarchique, quand il eſt commandé par vne ſeule perſonne dót la volonté tient lieu de loy à tous les autres. Le ſecond eſt appellé Ariſtocratique, quād il eſt gouuerné par quelques-vns qui ſont éleuez à ce haut degré d'honneur, par le merite, & par la Vertu : Et le troiſiéme, Democratique, quand il eſt conduit par le peuple. Dans l'ordre de la Nature, celuy-cy eſt le premier, parce que nous ſómes tous nais Libres, & que ce n'eſt qu'à la Fortune que nous deuons reprocher noſtre feruitude. L'Ariſtocratie eſt premiere que la Monarchie, puis qu'vn Eſtat peut eſtre appellé heureux, où commandent les Philoſophes, comme diſoit autrefois vn Grec; que celui-cy a des Sages pour ſes Gouuerneurs, au lieu que l'Ariſtocratie n'a qu'vn Peuple ſot & groſſier, c'eſt à dire vn Tout compoſé de Parties contraires, & vn Monſtre à pluſieurs teſtes. Mais la Monarchie eſt la premiere en dignité, parce qu'elle imite de plus pres le gouuernement de Dieu.

Comme la Morale nous fait juger des choses par leurs causes propres, & qu'elle en tire des consequences necessaires, on la met au rāg des Sciences. Par ce principe que la *Vertu est aimable*, elle nous apprend que *Tout Bien qui est conforme à la Raison, est aimable*; que la *Vertu est conforme à la Raison*; que *la Vertu est donc aimable*. Par cét autre que *nous sommes obligez de rendre justice, quand il est en nostre pouuoir de la rendre*, elle dit que *l'Homme doit suiure les mouuemēts de la Raison*, puis qu'il est nay raisonnable; que *la*

Raison veut que nous rendions à chacun ce qui luy appartient, qu'elle veut donc aussi que nous luy rendions justice. Par ces Principes, & par ces Conclusions, nous pouuons dire ensuite que la Morale est vne habitude de l'Entendement, qui montre ce qu'on doit éuiter, & ce qu'on doit suiure, pour nous faire paruenir au souuerain Bien.

Les Chicaneurs & les Formalistes opposent le premier liure de la Metaphysique d'Aristote, où il est dit que toutes les Sciences sont desirées pour elles-mesmes, & soustiennent que la morale ne peut estre mise en ce rang, puis qu'elle n'est desirée que pour la Vertu. Mais ils n'ont pas pris garde qu'Aristote ne parle pas en cet endroit de toutes les Sciéces en general ; mais de celles qui s'arrestent à la simple contemplation, & qui n'ont que la connoissance de leur objet pour tout employ. Quelques autres s'estonnent qu'on la compte entre les Sciences, puis qu'elle traite des choses libres, comme des actions de la Volonté, au lieu que la Science ne traite iamais que des choses necessaires, &

comme parle l'Ecole, d'vne Verité eternelle. Il est vray qu'il n'est point de Science qui traite des choses libres en détail, puis qu'elles sont incertaines & douteuses en cét estat: Mais quand elle les considere en gros, on ne peut douter qu'elles ne soient tres-asseurées. Quoy qu'en effet la morale traite de plusieurs choses de dehors, & qui ont mesme besoin du corps pour estre mieux executées, comme quand elle enseigne à rendre ce qu'on a confié, ou à combatre pour la patrie auec ardeur; elle ne traite pas propre-

MORAL, I. PARTIE. 31
ment des actions par lesquelles ce depost est rendu, ou par lesquelles la Patrie est soustenuë, mais de celles par qui la Volonté se resout de rendre ce qu'on nous a donné en garde, ou de combattre vaillamment pour la Patrie. Comme cette Question n'est pas fort necessaire à mon dessein, & que mesme les Demi-Sçauans n'ignorent pas qu'vne chose peut estre appellée Science, & Art diuersement, ie ne feray point icy vn mystere d'vne bagatelle.

On confond bien souuent la Morale auec la Prudence,

ou l'on n'en fait pour mieux dire qu'vne mesme chose, parce qu'elle ne se contente pas de traiter de quelques-vnes de nos actions, mais de toutes en general, pour les rapporter au Bien. En effet, Aristote dit precisément au neufiéme liure de ses Ethiques, que la Prudence ne s'arreste pas seulement aux choses particulieres, mais qu'elle passe aux Generales. Il asseure au sixiéme liure des mesmes Ethiques que la Prudence agit auec raison sur les choses qui sont bonnes, ou mauuaises, & que c'est là tout l'employ l'employ & tout le but de la Morale.

Pour le premier point, on peut dire que la Prudence ne traitte proprement que des choses particulieres : Qu'elle regarde iusques aux Temps & aux lieux : Qu'il y a difference entre traitter de toutes les actions Humaines en particulier, & de l'action Humaine en general ; Que celle-cy est commune à tous, à la prendre en gros, & qu'elle peut tomber sous la science ; Au lieu que les autres sont differentes, & presque infinies, ce qui ne peut s'accommoder à son objet qui doit estre vnique.

Pour la seconde difficulté, il est certain qu'Aristote entend que la Prudence a des Principes qui sont vtiles, & des regles qui sont generales, quand il dit qu'elle ne s'arreste pas simplement aux choses particulieres, mais qu'elle passe aux generales, & qu'il ne veut pas que ses Principes soient à elle en propre; mais qu'elle les emprunte de la Morale, pour les faire seruir à son vsage.

Pour la troisiéme difficulté, il suffit de répondre que la Prudence & la Morale agissent diuersement à l'egard des choses

qui nous sont bonnes, ou mauuaises, puis que celle-là ne les examine qu'auec leurs circonstances, & leurs conditions, & celle-cy tout au contraire. Quoy qu'il y ait quelque ressemblance, & quelque rapport entr'elles, il est pourtant necessaire de les distinguer, puis que la prudence est principalement occupée à la recherche des moyens qui conduisent à vne fin ; au lieu que la morale embrasse tout d'vn coup les moyens, & la fin mesme : Que celle-là regarde les choses sur lesquelles on se peut resoudre, & que cel-
C ij

le-cy nous les propofe toutes infaillibles : Que la morale confidere les actions Humaines en general, & que la Prudence les regle en particulier : Que la morale eft vn Tout, dont la Prudence n'eft qu'vne partie. Elles font mefme quelques-fois fi éloignées qu'on trouue des hommes prudens à qui la Morale eft prefque inconnuë : & fi elles eftoient vne mefme chofe, nous n'en verrions pas d'autres qui penetrent dans tous les fecrets de cette Science, & qu'on reconnoift fi imprudents dans leurs affaires, qu'on en peut dire ce qu'vn Philosophe dit de luy mesme dans les Nuits Attiques, Qu'il ne sçait s'il est homme ou cigale.

Ceux qui donnent à la Morale, l'homme, la volonté, ou l'appetit pour son veritable obiet, se trompent à mon aduis, parce qu'il est du droict de la Science d'en considerer les Parties propres, & les Principes: Que la Physique se reserue la cónoissáce des Principes & des proprietez de l'homme, & de sa volonté aussibien que de son appetit. Il n'y auroit pas moins d'erreur à croire que ce fust le Souuerain Bien, ou la Vertu, parce que la Morale n'entreprend que de regler les actions de la volonté, pour la faire pancher plus aiſément du coſté du Bien; & que dans la Science, toutes choſes doiuent eſtre rapportées à ſon obiet propre; au lieu que la Vertu dás celle-cy, ſe rapporte à l'action qui eſt honneſte, puis que c'eſt par elle que la volonté ſuit ce que la raiſon luy perſuade, & ce qui luy eſt le plus conforme.

Auant que de conclurre en faueur de ſon obiet, il eſt neceſſaire de ſçauoir la differéce qui ſe trouue entre les actions humaines, & les actions des hommes, pour ne confondre ny les choses ny les termes. On appelle actions de l'homme, celles qui luy sont communes auec les bestes, & qui ne dependent point de luy, comme le mouuement du cœur, l'accroissement, la digestion, &c. & sont dites naturelles parce qu'elles viennent de la Nature. L'action humaine, est celle qui depend de nous, & qu'il est en nostre pouuoir de faire, ou de ne faire pas. Or il est en nostre pouuoir de la faire, ou de ne la faire pas, parce qu'elle depend de la volonté qui eſt vne puiſ-ſance libre. Ce n'eſt pourtant pas aſſez d'appeller vne action humaine, ou Morale, vne action qui depend de nous; il faut encore adiouſter, & par laquelle nous ſommes appellez bons, ou mauuais. Les actions dependent de nous, quand elles ſont volontaires; & elles ſont volontaires par deux raiſons: la premiere par-ce qu'on ſçait ce que l'on fait, & pourquoy l'on fait quelque choſe, & la ſeconde, par-ce qu'on n'y eſt point con-traint; car ſi on y eſtoit con-traint, on ne l'appelleroit pas volontaire, mais forcée. Ie dis parce qu'on sçait ce que l'on fait, & pourquoy on fait quelque chose ; car on n'appelle pas encore volontaire l'action de l'homme qui n'a pas sçeu ce qu'il faisoit, ny pourquoy il faisoit vne chose. I'en parleray plus precisément dans la seconde Partie.

L'action humaine est l'obiet de la Morale, puis que la Morale en considere les principes, les proprietez, & les parties, en ce qu'elle est libre. Mais comme il y a deux sortes d'obiets, dont le premier est la matiere que la science noûs explique, & le second, la forme, ou l'estat dans lequel cette matiere est consideree; & que c'eust esté peu à la Morale de choisir, pour premier objet, l'action humaine, si elle n'eust esté plus loing, elle a pris pour le second l'action humaine en ce qu'elle peut estre conduite à son bien, & à sa derniere fin, par de beaux preceptes. Ie dis en ce qu'elle y peut estre conduitte, parce que quelques-vns ont creu que la Morale consideroit l'action humaine, comme si elle estoit desia reglée. Mais ce seroit mal employer ses enseignements, que de luy montrer vn but qu'elle auroit déja frappé : Que de la vouloir mettre dans vn exercice dont elle commenceroit à se reposer : Que de luy faciliter vne chose qu'elle auroit executée. Il y auroit de l'imprudence ou de la folie, à s'offrir pour guide à qui n'auroit plus de chemin à faire.

Pour sa fin elle est double comme son obiet, & peut mesme en estre tirée. La connoissance des actions humaines en est la premiere, & la conduitte de ces actions en est la seconde. Par l'vne, elle examine la volonté qui est libre, & par l'autre, elle se porte au Bien, par plusieurs preceptes; & nous fait enfin connoistre que la Vertu doit estre à chacun de nous, ce qu'Ester fut au Roy Assuerus, qui merita d'en estre aimée pour sa beauté propre.

CHAPITRE II.

Du Bien & du Mal.

DE tous les Tyrans, c'en est icy le plus doux, & le plus aimable; & qui se plaindroit du pouuoir que le Bien exerce sur nous, se plaindroit de son bon-heur, & de la mesme iustice. On en peut dire à peu pres ce que la Reine Olympias dît autrefois de cette femme de Thessalie dont elle estoit deuenuë jalouse, parce que Philippe l'aimoit auec tant de violence. I'auois creu, auāt que de l'auoir veüe, s'écrioit elle, que des puissances étrangeres luy auoient aidé à se faire aimer; Mais ie connois maintenant que sa Magie est toute merueilleuse, & toute innocente; & que la force de ses charmes est dans sa beauté. Pour peu qu'on s'arreste à considerer le Bien, on n'y trouuera que des priuileges glorieux, & des perfections extraordinaires : On n'y verra qu'vne liberalité tousiours magnifique, & tousiours feconde, & vne Nature si accommodante, qu'il n'entre pas seulement dans l'interest des Roys & des Souuerains; mais encore dans celuy des suiets, & des esclaues. Il descend mesme dans celuy des Animaux, des Plantes, des Elemens, & de toutes les Creatures.

Comme il a diuers degrez,

il a de mesme diuers noms, & diuers titres. Il y en a vn qui est veritable, & vn autre qui ne l'est pas. Celuy-cy se trauestit, & se déguise pour estre receu comme le premier. C'est vn feu de nuit qui iette quelque lueur pour éclairer les passans, & qui n'en a quelques fois que ce qu'il en faut pour les faire tomber dans vn precipice. C'est vn abisme dont le bord est couuert de fleurs: Vn fantosme qui anime quelque charongne: Vn diable qui se transforme en ange de lumiere pour nous éblouïr & pour nous perdre. Ce Bien qu'on nomme apparent, ne laisse pas de faire quelque effort sur l'ame, pour montrer que nous suiuons tout ce qui ressemble au Bien, & c'est de là, que nous sommes persuadez qu'il doit auoir quelque chose de conforme à nostre nature.

Le partage qu'on fait du Bien, est plus estendu. On le diuise en celuy qui est Honneste; en celuy qui est Agreable, & en celuy qui est Vtile. Le Bien Honneste a tousiours la Vertu pour son obiet: Il ne la perd iamais de veuë, & ne reconnoist point d'autre maistresse. Il se tourne vers elle,

comme

comme le Soucy vers le Soleil: Il la suit comme l'ombre suit le corps: Il s'vnit à elle comme le Fer à l'Aimant, & comme il vient d'elle, il y retourne de la mesme sorte que les Riuieres retournent à la Mer d'où elles s'écoulent. Le Bien agreable n'est pas si religieux, ny si seuere: Il est plus enjoüé, & plus complaisant, & ses diuertissements ordinaires sont presque toûjours honteux, ou toûjours coupables. C'est vn Corbeau qui ne se repaist que de charongne: Vn Pourceau qui ne repose que dans l'ordure: Vn Chameau qui ne boit que

D

de l'eau trouble. Le Bien vtile qui regarde les Biens de la Fortune, est à toutes postures, & à toutes formes; Il prend toutes sortes de couleurs, comme le Cameleon: C'est vn Oiseau de passage : C'est vn Renard qui n'est considerable que par ses ruzes : Vne Araignée qui ne tend bien souuent des toiles que pour atrapper quelque Mousche : Vn Loup qui ne court qu'apres la proye.

Il y a des Biens de l'Ame, des Biens du Corps, & des Biens de la Fortune. Les Biens de l'Ame comprennent les Biens de l'Entédement, comme l'Intelligence, la Sagesse, la Science, la Prudence, & l'Art, & comprennent encore les Biens de la Volonté qui sont les Vertus Morales; La Santé, la Taille, la Beauté, la Force, l'Adresse, &c. sont comptées entre les Biens du Corps, & la Faueur, les Amis, les Richesses, les Dignitez, &c. entre les Biens de la Fortune.

Il y en a d'autres, comme le Diuin, l'Humain, & le Brutal. Le premier est cómun à Dieu, à l'Ange, & à l'Homme, comme de Vouloir, & d'Entendre. Le second est propre seule-

LE PHILOSOPHE
ment à l'Homme, comme d'estre Vertueux, & le troisiéme est commun à l'Homme & à la Beste, comme la volupté qui semble changer l'Homme en Beste, de la mesme sorte que le Diuin semble le changer en Dieu. Si tu aimes la Terre, dit sainct Augustin, parlant à l'Homme, tu es Terre, & si tu aimes Dieu, que te puis-ie dire? Tu es Dieu.

On definit le Bien vne chose qui est conuenable à vne autre, de sorte que la Bonté consiste dans cette seule conuenance, puis qu'il n'est dit Bien, que parce qu'il est cóuenable.

En effet quelque partage qu'on puisse faire du Bien, nous sçauons que l'honneste est conuenable à la raison, l'agreable à la nature de l'animal, & l'vtile à la fin qu'on se propose. Ce n'est pourtant pas à mon aduis que cette conuenance fasse tout le Bien, comme quelques-vns l'asseurent, puisque la Bonté, qui est la perfection de la chose, doit estre reélle, & que cette conuenance n'est presque qu'vn titre qui la fait connoistre, & si nous l'examinons de pres, nous verrons que le Bien ne semble estre conuenable qu'à l'égard de la chose mesme à qui l'on sçait qu'il est conuenable. Si on oppose qu'il n'y a point de Bien en soy, s'il n'est Bien qu'au respect d'autruy, on se sert de cette mesme raison contre les personnes qui l'employent, puis que le Bien en soy, n'est tel que parce qu'il est conuenable, comme la vertu à l'ame, au lieu que le Bien qui n'est Bien qu'à l'égard d'autruy, ne luy est pas absolument conuenable, comme les Richesses ne le sont à l'homme, que pour s'entretenir dans vne vie plus éclattante.

Entre les proprietez du Bien, on y trouue celle-cy qui n'est pas des moindres, qu'il se communique; Et c'est de là que Sainct Thomas a conclu en faueur de l'Incarnation, par laquelle il sembloit necessaire que Dieu qui est parfaitement Bon, se communiquast parfaitement aux Creatures. Comme c'est encore vne de ses proprietez de se faire desirer, parce qu'il est conuenable, il ne faut point douter que toutes choses ne le cherchent, & n'y courrét par vn appetit raisonnable, par vn appetit sensitif, & par vn appetit naturel: qu'il n'attire par consequent l'homme, la Beste, & tout ce qui est insensible.

Le Mal qui est opposé au Bien, peut estre pris en deux façons, ou pour la chose, ou pour ce qui la rend mauuaise, comme l'homicide en ce qu'il est meurtre; ou bien en ce qu'il est contraire à la raison & à la Loy. Si le Mal est consideré pour la chose, il est réel & positif, parce que l'homicide est proprement cette action par laquelle vn homme en tuë vn autre. Mais il n'est pas reél autrement, parce que ce n'est que l'absence, le defaut du Bien, selon Plotin, ou la separation de ce Bien là, selon Sainct Gregoire de Nysse. C'est en cet estat que Sainct Augustin le nomme vn rien, & que la Theologie le definit; par ce qui n'est point, quand elle dit qu'il est la priuation de la Grace.

Mais comme le Bien est conuenable, & que le Mal est hydeux: Que le propre de celuy-là est de se faire desirer, & le propre de celuy-cy est de faire horreur; Que l'vn est quelque chose; Que l'autre n'est rien, quelques-vns demandent, pourquoy, on est plus porté au Mal qu'au Bien?

Quoy que cette demande suppose vne Maxime tres fausse, comme nous verrons bientoſt, voicy ce qu'on répond à cette demande. On ſe porte au Mal pluſtoſt qu'au Bien; parce que le mal ſemble eſtre plus conuenable à la nature, de l'animal que le Bien; Que les choſes deffenduës ont touſiours le plus d'amorce: Qu'il n'y a qu'vn poinct pour acquerir la mediocrité de la vertu; qu'on peut manquer d'y atteindre en pluſieurs façons, ou par l'excez, ou par le defaut: Qu'il eſt par conſequent plus aiſé de s'éloigner du but que de le frapper, & qu'il ne faut pas trouuer étrange, ſi le Mal eſtant infiny, &

le Bien borné, il y a plus de méchants que de bons, puisqu'il y a si peu de vertu, & vn si grand nombre de vices. On se porte au Mal plustost qu'au Bien, parce que l'homme ne trouue en soy-mesme que des Tyrans & des Rebelles : Que le commerce des méchants corrompt les plus belles ames; Que ce desordre vient de la deprauation de tous les siecles, où les vices ont presque esté tousiours triomphants, & la Vertu presque tousiours méprisée. On adioute que l'agreable ne quitte iamais le vice, comme l'honneste n'abandonne point la vertu : Que celuy-là est facile, & celuy-cy mal-aisé: Que le present est plus capable de nous toucher que l'auenir qui n'est rien, ou du moins qui n'est pas encore; Que le plaisir est ioint au Mal, au lieu que la recompense est tousiours éloignée de la vertu, & qu'enfin le Mal est plus sensible que le Bien.

Il y a eu de la folie en ceux qui ont dit qu'ó se portoit plutost au Mal, parce qu'il se communiquoit plus que le Bien qu'on desire & qu'ó ne possede point, puis que la possession du Bien assouuit nostre desir & qu'il n'est point d'esprit content: Qu'il y a deux Principes independants l'vn du Bien & l'autre du Mal, comme les Manichéens & les Priscillianiftes l'ont creu apres Pythagore, & que l'vn pouuoit fe communiquer auffi bien que l'autre. Zoroaftre auant eux s'eftoit laiffé aller à cette creance, quand il difoit qu'il y auoit deux premiers Agents qui nous conduifoient comme deux chefs, l'vn autheur de tous les Biens, l'autre autheur de tous les Maux, celuy-là Dieu ; celuy-cy Demon : Le premier nommé Oromazes, le fecond Arimænius ; celuy-là femblable à la lumiere,

LE PHILOSOPHE

& celuy-cy aux tenebres. Quelques Modernes ont esté assez hardis pour aduancer ces deux Principes, fondez sur l'authorité de Sainct Paul qui dit que le Dieu de ce Siecle, c'est à dire le Diable, aueugle l'entendement des Infidelles.

La Morale ne peut encore souffrir cette impieté qui rapporte aux Constellations heureuses ou mal-heureuses les causes du Bien & du Mal, & qui font dependre nos actions de l'influence de astres. La Genese nous aprend que Dieu ne crea les deux Luminaires dans l'étenduë du Ciel, que pour éclairer la Terre ; Le grand pour luire le iour, & le moindre pour luire la nuict. Aussi bien n'a-t'il fait les Estoiles que pour separer la lumiere des Tenebres; Et l'homme n'a pas esté fait pour les Estoiles, mais les Estoiles pour l'homme. Si les Vertus n'estoient point volontaires, il y auroit de l'iniustice dans les recompenses & dans les peines : Les miracles de Dieu seroient ruinez, & la Philosophie des choses naturelles, seroit detruitte. Si les Constellations imposoient cette necessité inuiolable, la priere seroit inutile dans l'aduersité. On feroit iniure au Ciel qui est comme vne ville magnifique dont les astres sont les Habitants, pour me seruir des termes de Saint Augustin : & il n'y a point d'apparence de soutenir qu'il se trouue des Gouuerneurs dans vne Ville, qui forcent les hommes aux crimes qu'ils punissent apres de mort. Ce seroit accuser Dieu d'iniustice, puis qu'il ne pourroit pas condamner ceux que les astres auroient fait necessairement pecher ; & qu'en effet il ne puniroit iamais l'homme, s'il n'auoit peché librement & sans contrainte.

contrainte. Contre vne opinion si extrauagante, il suffit d'employer l'exéple des deux Iumeaus de l'Escriture conceus & nais soubs les mesmes Constellations, & qui furent si differents dans leurs mœurs, dans leur condition & dans leur fortune, que l'vn ne manquoit point de s'asseoir, quand l'autre commençoit à cheminer: Que l'vn dormoit, quand l'autre veilloit: Que l'vn se taisoit, quand l'autre parloit: Que l'vn fut toûjours vn seruiteur interessé, que l'autre ne seruit point : Que l'vn possedoit le cœur du pere, & l'autre celuy de la mere : Que Iacob s'acquit le droit d'Aisnesse, & qu'Esaü le vendit.

Il faut donc répondre à ceux qui font cette question, qu'ils demandent raison d'vne chose qui n'est point. En effet on se porte naturellement au Bien plutost qu'au Mal: car pour les vertus de l'entendement, il n'est rien de plus certain, que nous desirons naturellement de connoistre toutes choses, & que par consequent nous sommes naturellement plus portez à la connoissance qui est vn Bien, qu'à l'ignorance qui est vn Mal. On peut dire la mesme chose de la volonté qui se porte au Bien dés que l'entendement le luy fait connoistre : Et s'il s'en trouue quelqu'vn qui soit plus porté au vice qu'à la vertu, il faut croire que la Nature est corrompuë & deprauée en cet homme là, & qu'il peut estre consideré par la partie superieure qui est la volonté, & par l'inferieure qui est l'appetit sensuel. Par ce dernier il est plus porté au Mal qu'au Bien, pource qu'il s'est abruti dãs le vice, & c'est de luy que parle Saint Paul, quand il l'appelle l'homme animal. Mais si on le

LE PHILOSOPHE

regarde en qualité d'homme, & par la partie superieure, on peut dire hardiment qu'il est plus porté au Bien qu'au Mal, & qu'il est aisé de le connoistre par la douleur secrette qu'il a de s'estre adonné au vice.

Cependant il importe de sçauoir que l'homme n'embrasse point le Mal en ce qu'il est Mal, parce qu'il ne va qu'à ce qui luy est conuenable : Que le Mal détruit l'Estre, & que le Bien le perfectionne : Que le Bien ne peut estre l'objet de son appetit ; Que le Mal est vne priuation ; Et qu'il faut que le Mal qu'il suit, le flatte par ce qu'il a de rapport auec sa nature: Qu'il le trompe par la ressemblance qu'il prend du Bien; ou qu'il le corrompe par l'aduantage qui en doit sortir. Si on dit que la volonté peut pancher également du costé du Bien & du Mal, parce qu'elle est libre: Qu'elle n'a point de merite à se tourner du costé du Bien, si elle ne peut se porter au Mal, en ce qu'il est Mal, puis que le merite a la liberté pour son fondement, & qu'il est écrit, que *les Biens sont asseurez de celuy qui n'a point fait le mal & qui l'a peu faire.* On répond au premier point, que la volonté de l'homme est libre de cette liberté que l'Escole appelle de contradiction, par laquelle elle peut prendre ou refuser les Biens qui luy sont offerts, & non pas de la liberté de contrarieté par laquelle le Bien luy est offert comme Bien, & le Mal en ce qu'il est Mal. On répond au second point, que la volonté n'a point de merite à refuser le Mal en ce qu'il est Mal, puis qu'il ne luy est pas possible d'agir autrement; mais en ce qu'il luy est offert soubs quelque apparence de Bien; & c'est ainsi qu'on explique ce passage, où il est dit, Que les Biens sont asseurez de celuy qui n'a point fait le Mal, & qui l'a peu faire.

De la Fin.

Dans les actions, il y a plusieurs Fins soumises les vnes aux autres, & si nous imaginons vn homme qui fait trauailler à vn Equipage pour la Guerre ; qui suit la Guerre pour y faire quelque chose de considerable ; qui fait cette action pour estre connu du

LE PHILOSOPHE

Prince ; qui veut en eſtre connu pour en obtenir quelque faueur, &c. nous verrons qu'il y a autant de Fins que d'actions. Comme on n'agit que pour vn Bien, la Fin n'eſt point diſtinguée du Bien ; ou s'il y a quelque difference, c'eſt que le Bien eſt conſideré par ſa Conuenance ; & la Fin par ce regard & par ce rapport dont elle eſt le but : Que le Bien eſt ce qui eſt conuenable, & la Fin ce qui nous met en exercice : Qu'vne meſme choſe peut eſtre conuenable en ce qu'elle nous eſt appliquée, & Fin en ce qu'elle eſt le terme de noſtre deſir.

On diuiſe la Fin en celle qui eſt à l'égard de la Forme, qui eſt l'action meſme pour laquelle elle eſt Fin, comme la veuë ou viſion pour qui la faculté de voir eſt ordonnée; Et vne Fin à l'égard de l'objet, où s'occuppe l'Agent par ſon action, & par cette fin dont nous venons de parler; comme la couleur où ſe porte la faculté de voir, par cette viſion là meſme.

Comme il y a pluſieurs Fins ſoumiſes les vnes aux autres, il y en doit auoir vne derniere: Et comme vne fin en détruit

LE PHILOSOPHE

vne autre, & que la derniere est celle à laquelle toutes les autres se rapportent, l'homme ne peut obtenir en mesme téps & tout ensemble, qu'vne fin derniere. Aristote definit la fin vne chose pour laquelle vne autre se fait, & à laquelle cette action se rapporte. Nous n'allons à la fin, selon ce mesme Philosophe que par sa conuenance & par sa bonté. C'est elle qui nous reueille & qui nous échauffe : Qui nous attire & qui nous pousse. Elle arme les Soldats & les Capitaines pour la solde & pour la victoire : Elle fait trauerser les Mers aux curieux, & aux auares: Elle oblige les Artizants de fuer fur leur trauail pour l'honneur, ou pour le profit; & c'eſt elle en vn mot qui met tout le monde en exercice.

Pour nous exciter, il ne ſuffit pas que cette conuenance nous ſoit connuë, puis que le malade ne prend pas ſeulement la medecine pour connoiſtre le Bien qui ſe trouue dans la ſanté; mais qu'il la prend pour l'obtenir, & pour le gouſter. Ce Bien doit eſtre réel. Il doit eſtre abſent, & poſſible, pour reueiller au moins en nous vn deſir de complaisance; & comme nous auons des-ja dit qu'il n'estoit estimé Bien, que par son rapport, c'est assez que l'imagination luy donne les aduantages qui luy manquent.

Quand on demande si Dieu agit pour quelque fin, il faut distinguer les actions qui sont en Dieu, & qui ne vont point au dehors, comme celles d'entendre & de vouloir; & les autres qui en sortent qu'on appelle passageres, comme de créer, & d'autres de mesme nature. Apres cette distinction, l'on peut répondre que Dieu n'agit pour aucune fin, si l'ō regarde les premieres actions dont nous venons de parler, parce qu'on ne peut agir pour vne fin sous quelque sorte de dépendance: Que la fin est vne veritable cause qui va tousiours deuant son effet, au moins dans l'ordre de la nature: Que Dieu est independant, & que les actions qui sont en Dieu, sont Dieu mesme. Mais dans les actions passageres & de dehors, il ne faut point douter que Dieu n'agisse pour quelque fin, puis que c'est pour luy qu'il a fait toutes les choses, & que la fin qui de toutes les causes, en est la plus noble, luy peut estre rapportée.

Nous ne sçaurions agir pour quelque fin, sans auoir ce qui est necessaire pour y paruenir; c'est à dire la connoissance de la fin ; la connoissance des moyens qui nous y conduisent; la volonté d'y arriuer, & le choix de ces moyens. La fin est d'autant plus noble qu'elle est éloignée. Elle est la premiere de toutes les causes; Et comme elle ne se contente pas de nous pousser, elle nous attire par son éloignement, & nous réjoüit par sa presence. Elle a quelques-autres conditions, comme celle d'eſtre durable, parce qu'elle s'augmente par ſa durée. Elle doit eſtre commune, parce que c'eſt le propre du Bien de s'accroiſtre & de s'étendre, à meſure qu'il ſe communique, & c'eſt elle qui diſpoſe les moyés, & qui les ordonne : Qui les rend bons : Qui les accommode & qui les meſure.

CHAPITRE IV.

Du Souuerain Bien.

ON peut répondre à ceux qui ſoutiennent auec

Solon, qu'il n'y a point de felicité dans cette vie; que la Nature auroit fait quelque chose en vain, si elle auoit imprimé dans l'homme, le desir de se rendre heureux, sans le pouuoir estre; & que les contentements de ce monde ne sont pas détruits par ceux de l'autre, quoy qu'il n'y ait point entre eux de proportion. Qui n'establit point de Souuerain Bien, ruine la Philosophie entiere: Il est aueugle dans les connoissances; dans les actiós qu'il doit faire, & dans les moyens qu'il doit choisir, pour arriuer à son but. Cependant,

c'est

c'est icy le fameux écüeil de l'ancienne Philosophie, & le naufrage du Paganisme. Toutes les sectes se sont partagées sur cette matiere, & la pluspart ont aussi peu trouué ce qu'elles cherchoient, que si elles eussent craint de le rencontrer. Quelques-vns ont creu qu'il n'y auoit point de felicité, comme Pyrrho; & quelques autres l'ont établie dans les richesses & dans le luxe, comme Lycophron, & Periandre de Corinthe. Les vns l'ont fait dépendre de la volupté, comme Aristippe & Philoxene; & les autres, des lumieres naturelles & aquises, comme Herile & Alcidame, Bion la mettoit dans la Prudence, & quelques Academiciens dans le milieu de la volupté & de la douleur qui sont deux choses contraires. Des peuples entiers se sont persuadez que le Rire estoit le souuerain Bien: Il y en a qui l'ont fait dépendre du Silence; Et si l'on vouloit compter toutes les opinions qu'on a euës sur ce sujet, on en trouueroit, apres Saint Augustin, plus de huict cens differentes.

La diuersité des Climats, des loix, des conditions, de

l'age, du temps, des temperaments, & des esprits, a fait cette diuersité prodigieuse: Et ce Monstre à tant de formes & à tant de testes, n'est venu que de l'ignorance des hommes qui ont diuisé les proprietez & les circonstances du souuerain Bien. Ils se sont laissé éblouïr au bon-heur de ceux dont ils connoissoient les auantages, ou dont ils auoient seulement entendu parler, & se sont fait vne derniere felicité de tout ce qui leur manquoit, dans ce mal-heur qui merite nostre estonnement & nostre pitié. Nous sçauons que les aueugles mettent la felicité dans la veüe : Que les sourds l'établissent dans l'oüye : Les malades dans la santé : Les pauures dans l'abondance : Les ambitieux dans les caresses du Prince, & les ignorants dans les lumieres de l'esprit.

Le souuerain Bien, selon Boece, est vn Estat heureux & acheué par toutes sortes de Biens qui le composent. Mais pour mieux établir la nature du Souuerain Bien, il faut détruire quelques opinions contraires à la verité.

Ceux qui ont crû pouuoir accorder la volupté auec le

Souuerain Bien, se sont mélez d'accorder deux choses incompatibles. En effet la felicité n'est propre qu'à l'homme, & la volupté nous est commune auec les Bestes. La volupté est veritablement vn grand Bien, comme a dit Antiphane, mais celle, adioûte-t-il, qui n'est suiuie d'aucun repentir; Et si le Souuerain Bien est vn ramas & vn assemblage de tous les Biens, il ne sçauroit iamais nuire à l'homme, au lieu que la volupté l'aueuglé, & le iette ordinairement dans la confusion, & dans le trouble. Celuy qui se laisse aller à la volupté, dit Seneque, se laisse aller à vne Beste farouche qui le deuore, quand il pense auoir plus de raison de s'y fier; & si elle estoit le Souuerain Bien, elle ne seroit pas la premiere cause de nostre perte, & ne porteroit pas si souuent chez nous le repentir & le desespoir. Elle ne traisneroit point apres elle tant de maladies incommodes, tant de miseres honteuses, ny tant de chatiments secrets, & visibles. La felicité remplit l'esprit: Elle assouuit le desir, & ne laisse pas dequoy faire le moindre souhait: Au lieu que la volupté n'est iamais contente, & ne peut estre rassasiée de sa nourriture. Elle est dans vne faim perpetuelle ; Et l'on en peut dire ce que dit vn Poëte, d'Erisicton qui cherchoit des viandes dans les viandes mesmes, & qui n'estant pas content de ce qui pouuoit suffire à tout vn peuple, faisoit de nouueaux desirs, à mesure qu'il faisoit de nouueaux repas, & tâchoit de porter la main par tout où il pouuoit porter la veuë. Vne faim enragée entre dás son estomach auec tous les morceaux qu'elle y fait entrer: L'vn n'est pas plutost aualé qu'il faut qu'vn autre le suiue : Elle se vuide à mesure qu'elle se remplit, & comme le Tantale de la fable, elle jeûne au milieu de l'abondance. On n'y peut donc établir le souuerain Bien, parce qu'il nous seroit en cecy commun auecque les Bestes qui seroient beaucoup plus heureuses que les hommes, puis qu'elles sont & plus fortes & plus libres pour les voluptez naturelles; Et il n'y auroit point d'apparence de la faire dépendre d'vne chose dont le seul reproche nous fait rougir, & que nous n'ozons bien souuent commettre que dans les Tenebres.

Il n'y auroit pas plus d'apparence de fonder le Souuerain Bien sur les richesses, parce que ce seroit prendre les moyens pour la Fin : Qu'elles ne sont pas desirées pour elles-mesmes : Qu'elles sont communes aux méchants, & aux gens de Bien : Qu'elles ont fait des vsurpateurs, des Tyrans, & des ingrats : Qu'elles débauchent les plus pures ames, & qu'elles ressemblent aux voluptez qui sont plus capables de réueiller l'appetit, que de l'assouuir ; Elles sont encore inutiles dans les maux pressants, & dans les maladies desesperées ; & donnent de la peine à qui les amasse ; de la crainte à qui les possede, & du mépris à qui les prodigue.

Si nous deuons nous mettre plustost en peine d'auoir de la reputation que des richesses, comme dit le Sage dans ses prouerbes ; & si elle vaut mieux que le bon parfum, comme il nous le persuade ailleurs, on n'en doit pourtant point faire le Souuerain Bien, puis que cet honneur n'est pas dans celuy qui le reçoit, mais dans celuy qui le rend : Que la felicité n'est iamais desirée, que pour elle-mesme, & que cette gloire est tousiours pour quelque autre chose : Qu'elle depend du caprice & de l'opinion d'autruy. Elle aueugle l'entendement, selon Dauid : *l'hōme n'a point entendu quand il a esté dans les honneurs, & c'est pour cette raison qu'il a esté comparé aux Bestes.* Elle corrompt les plus nobles sentiments, comme on peut le remarquer en Saül, & dans Neron, qui dans leurs premieres années ne donnerent presque iamais que des exemples de vertu, & qui apres auoir esté éleuez aux derniers degrez d'honneur, ne se firent considerer que par vne longue suite de crimes.

Ceux qui font dépendre la felicité des Biens du corps, ne remarquent pas que ces Biens là mesmes se perdent par les maladies : Que l'aage & les accidens nous les dérobent & qu'en cecy les bestes ont sur nous beaucoup d'aduantage. Il n'est point d'homme qui puisse disputer de la vistesse auec le Cerf, & le Tigre, ny de la force auec l'Elephant & le Taureau. La Beauté, la Taille, & la Santé pour estre les plus glorieux priuileges de la Nature, n'en font pas toutefois les moins nuifibles. Il euft efté plus aduantageux à Lucrece d'eftre moins belle ; à Milon d'auoir moins de force, & à Goliath de n'eftre pas de fi grande taille. Ce feroit trop raualer la Felicité que de la loger dans ce qui eft quelquefois vne matiere de defefpoir, & de l'attacher à des Biens qui fe perdent ordinairement par vn Rheume, ou par vne fiévre. Minutius Felix raifonne merueilleufement fur ce fuiet, quand il raifonne de cette forte : Quelle Felicité peut meriter le titre de Bien folide, sans la connoissance de Dieu, puisqu'il n'en est point d'autre qui ne soit l'image d'vn songe, & qui n'échappe auant mesme qu'on le possede ? Si vous estes Roy, vous craignez, comme vous cherchez à vous faire craindre ; Et quoy que vous soyez enuironné de plusieurs Gardes, pour vous deffendre du danger, vous estes seul pourtant contre tout vn peuple. Si vous estes Riche, vous n'estes pas sage de vous asseurer dans la Fortune ; Et pour vn voyage si court la pompe de tout ce grand preparatif, est plus propre à vous embarasser qu'à vous seruir. Si vous faites gloire de vostre pourpre, il y a de la folie à vouloir éclatter par le dehors, quand le dedans est soüillé de quelque vlcere. Si vous faites vanité de vostre Noblesse, elle n'est pas à vous, mais à vos Ancestres: Nostre condition est vne, il n'y a que la vertu qui nous distingue.

La plusparc des grands hommes ont bien étably la Felicité dans les actions de vertu, apres auoir consideré que l'homme estoit nay pour quelque chose de particulier, & de propre: Qu'il n'estoit pas nay seulement pour viure, puis que les plantes ont cela de commun auec luy ; ny pour ioüir des sens, puis que les Bestes en ioüissent ; mais pour mesurer ses actions à la Raison. Cependant, quand il a fallu voir si vne telle vie estoit parfaitement heureuse & si elle estoit dans le choix du Sage, il a fallu douter long-temps, auant que de resoudre vne si grande difficulté. En effet il se peut faire que l'homme de Bien, ou le vertueux sera condamné à l'éxil, à la prison, ou à la roüe : Qu'on luy enleuera ou sa femme, ou ses enfans : Qu'on luy vsurpera

vsurpera ses heritages, & qu'il deuiendra l'obiet de la tyrannie. Dans cet estat, quoy qu'il soit sage, il ne peut pas estre estimé heureux, & si on ne peut l'appeller tel, il est certain que la vertu ne suffit pas à la félicité de la vie. Les Peripateticiens ont esté contraints de recourir à la distinction qu'ils auoient faitte du Bien, quand ils ont dit qu'il y auoit des Biens de l'ame, des Biens du corps, & des Biens de la Fortune : Et comme les Biens de l'ame sont les plus grands & les principaux, ils veulent que la Beatitude en depende; Et que les Biens du corps & de la Fortune y contribuënt par accident; parce que les douleurs, l'exil, les maladies, & la pauureté y peuuent estre de puissants obstacles. Le Sage n'est donc pas miserable dans tous ces maux; puis que la vertu qu'il professe & qu'il possede, ne permet pas qu'on le croye tel; Et n'est pas aussi Bien-heureux, puis que la vie Bien-heureuse est tousiours à desirer, & qu'elle est pleine de ioye : Que celle-cy est toute remplie d'amertume, & qu'elle ne peut estre Bien-heureuse, puis qu'elle ne peut pas estre desirée.

Les Stoiciens s'opposent à l'opinion de ces derniers, & soutiennent que les commoditez du corps & de la Fortune, ne doiuent point estre mises au rang des Biens, ny leurs contraires au rang des maux : Que le souuerain Bien ne peut estre diminué par les emprisonnements, par la pauureté, par l'exil, ny par les tortures, parceque le Sage n'en est point troublé : Qu'il n'y a point de mal où il n'y a point de vice, comme il n'y a point de Bien où il n'y a point de Vertu, & que celle-cy peut suffire par consequent à la vie heureuse.

Pour moy, ie ne doute point que le souuerain Bien ne doiue estre la derniere fin que les hommes se proposent dans leurs actions, & que la derniere fin que les hommes se proposent, ne soit le plaisir. Par ce mot de plaisir, ie n'entends pas tel ou tel plaisir en particulier ; mais generalement tous les plaisirs dont les hommes sont capables. Il est certain que tel plaisir en particulier ne peut faire le Souuerain Bien, parce qu'il n'est que l'objet de quelqu'vne de nos facultez : & comme nos facultez sont differentes, elles tendent aussi à des Biens qui sont differents. En effet la faculté de la veüe est differente de la faculté de l'oüye, & le plaisir de l'vne, est different du plaisir de l'autre: Et si vn seul Bien particulier pouuoit établir la felicité toute entiere, on pourroit conclurre que les autres Biens seroient inutiles, ce qui est contraire à la Raison; Ou qu'on ne deuroit point se mettre en peine de chercher les autres Biens, ce qui est contre l'experience.

On opposera peut-estre que nous ne serons jamais heureux, si le souuerain Bien consiste dans la joüissance de tous les Biens dont nous sommes capables; parce que l'homme ne peut pas joüir tout à la fois de tous les plaisirs dont il est capable. On répond, qu'il n'est pas de l'essence du Souuerain Bien, de joüir effectiuement tout à la fois de tous les Biens dont nous sommes capables, parce que la joüissance actuelle de tous les Biens est impossible; mais que le Souuerain Bien consiste dans la liberté de pouuoir joüir de tous les plaisirs dont nous sommes capables, autant qu'il est possible, & dans la joüissance actuelle de quelques-vns qui donnent, selon leur nature, tout le plaisir qu'ils sont capables de donner. Si l'on adioute que chacun se peut saisir du premier Bien qui luy pourra donner du plaisir, puis que chacun est nay pour la Felicité, ie confesse qu'il n'est rien de plus veritable, que l'homme est nay pour la Felicité : Qu'il peut se mettre en estat d'acquerir le Bien qui luy pourra donner du plaisir ; mais qu'il n'en peut tirer que du bien qui luy est propre. Or comme le propre de l'Homme

LE PHILOSOPHE
est de connoistre & d'aimer ce qui merite d'estre aimé: Que rien n'est plus digne de l'amour de l'homme que la vertu qui luy est propre, on ne doit point aussi douter que son plaisir ou son Souuerain Bien ne consiste dans la connoissance & dans l'amour de la Vertu.

LE PHILOSOPHE MORAL.
SECONDE PARTIE.

CHAPITRE PREMIER.

Des Principes des Actions Humaines.

IL y a plusieurs Principes des actions Humaines ; mais ils peuuent estre rapportez à quatre, aux Objets, aux Facultez, aux Paſsions & aux Habitudes.

Les Objets sont generalement toutes les choses qui nous sont proposées, parce que toutes choses nous disposent à l'action par le Bien & par le Mal qui en peut reuenir, & que le Bien & le Mal sont par consequent les Principes de toutes nos actions. Le Bien qui en peut reuenir se rapporte à nous, à nostre prochain ou à tous les deux ensemble. Vn homme est appellé Bon à l'egard de soy-mesme, quand il se procure quelque aduantage sans auoir égard à son prochain : Bon à l'egard du prochain, quand il luy en procure, sans auoir égard à soy-mesme; & Bon à l'egard de tous les deux, quand il en procure à son prochain & à soy-mesme.

Il faut aussi que les Facultez soyent des Principes, puis que sás elles nous ne pourrions pas agir. Ces Facultez sont externes, comme la Veuë, l'Oüye, l'Odorat, le Goust, & l'Attouchement; ou internes, cóme l'Imagination, l'Entendement & la Volonté. Les sens decouurent les Obiets : l'Imagination reçoit les images corporelles de ces Obiets pour connoistre le Bien & le Mal sensible; L'Entendement iuge de ce qui est bon, ou mauuais; de ce qu'il faut suiure, ou de ce qu'il faut éuiter; & la volonté se porte aux choses bonnes ou mauuaises. I'ay promis de traitter des Passions dans la troisiéme partie de ce Liure, & des Habitudes dans la quatriéme. Il reste à parler des Sens, quoy qu'ils soient de la Iurisdiction de la Physique: Mais peut-estre que le Curieux ne nuira point icy à l'Vtile.

Chapitre II.

Des Sens & de quelques Facultez Corporelles.

La Veuë, l'Oüye, l'Odorat, le Goust, & l'Attouchement, sont des sens distinguez par leurs Objets, par leurs Organes, par leur situation, & par leur figure; Et l'on n'en compte que cinq, dit Aristote, parce qu'on ne peut compter que cinq corps simples, les quatre Elements, & le Ciel. La Veuë, selon Platon, est de la nature des Estoiles, parce que son Obiet reluit, & ne brule point. L'Obiet de l'Odorat aproche du feu, parce que ce qui a de l'Odeur, est chaud. Celuy de l'Oüye, tient de l'air : Celuy du Goust, de l'Eau ; & celuy de l'Attouchement de la Terre. Il n'y a donc que cinq sens, parce qu'il n'y a que cinq Obiets propres, les Couleurs ; les Sons ; les Odeurs ; les Saueurs, & les Qualitez qui peuuent estre maniées, ou premieres, ou secondes. Aristote le prouue d'vne autre sorte, & dit que les moyens par lesquels l'Animal peut sentir, ne se peuuent changer qu'en cinq manieres: Que le moyen du Sens est externe, ou interne: Que celuy-là est l'Air, ou l'Eau; celuy-cy la Chair simplement, & la Membrane. L'Air & l'Eau ne peuuent estre alterez que par les objets de dehors, ou parce qu'ils sont transparents; ce qui appartient à la Veuë: Ou parce qu'ils sont mobiles, ce qui ne peut estre rapporté qu'à l'Oüye: Ou comme humides meslez de quelque chose de sec, & c'est ce que l'Odorat se reserue en propre. Pour la Chair & pour la Membrane, elles fuiuent ou la temperature des premieres qualitez, ce qui eſt de l'Attouchement: ou le meſlange du ſec & de l'humide, ce qui ne peut-eſtre attribué qu'au Gouſt: De ſorte qu'on n'en peut augmenter le nombre.

La Veuë a la Couleur pour objet; & l'œil pour Organe: Et comme nous voyons les obiets par le moyen de leurs Couleurs, nous voyons auſſi les couleurs par le moyen de la Lumiere; de ſorte que la lumiere eſt le premier obiet de l'œil parce qu'il ne peut voir la Couleur ſans elle, & qu'elle eſt

est la premiere à se presenter à la Veuë. Les priuileges de la Veuë sont d'autant plus beaux au dessus des autres Sens, qu'elle a pour obiet la plus belle de toutes les qualitez qui est la Lumiere, & qu'elle est si asseurée de son action, que Thales n'a point feint de dire qu'il y auoit aussi loing des Yeux aux oreilles, que de la verité au mensonge. Qu'Anaxagore a creu que les hómes estoient nais pour voir : Que Theophraste a dit que la Veuë estoit la forme de l'homme; Et qu'il s'est trouué des Medecins qui ont écrit que l'œil estoit le siege de l'Ame. Les Yeux en sont appellez les fenestres, par Alexandre le Peripateticien; Les portes du Soleil, par Hesychius; & les Miroirs de la Nature, par Orphée. Pline en fait la plus belle partie du corps: Plutarque dit que la Veuë est le plus vif & le plus subtil de tous les Sens: Aristote veut que c'en soit le plus noble, pour les commoditez de la vie; & Galien soutient que le Cerueau n'a esté fait que pour luy. Les Hebreux ont donné à l'œil le nom de Hault, comme les Stoiciens ont dit que Dieu estoit vn œil; Et les

Philosophes ont remarqué de tout temps vn secret rapport entre le Ciel, & la Veuë.

L'Oreille est l'Organe de l'Oüye, & le Son en est l'obiet, & quelques-vns ont creu que cela se faisoit ou par l'Air interne, quand il est émeu, ou par l'Air qui est dans le Ceruueau, quand il est frappé par la voix. Quelques-autres ont ozé dire que c'estoit par le vuide qui estoit dans les Oreilles, & que ce qui est vuide, ne máque point de retentir. L'opinion commune soutient que l'Air de dehors qui est frappé par des corps durs & solides,

& qui a receu la qualité du Son, altere l'Air qui le ioint ; que celuy-cy pousse l'autre qui l'approche de plus prés, iusqu'à ce qu'il arriue à l'oreille ; que ce mouuement se fait par succession ; & que c'est de là qu'on n'oit pas le Son, aussi-tost que le corps est frappé dans vne grande distance.

L'objet de l'odorat est l'odeur, & les deux eminences qui portent sur le haut de l'os des Narines, que les Medecins nomment Apophyses Mammillaires, pour la ressemblance qu'elles ont aux petits bouts des Mammelles ; & qui font vne petite partie du Cerueau, en sont les Organes. Cette opinion combat celle d'Aristote qui soutient au second liure de l'Ame, & au Liure du Sens & de son objet, que le Nez extérieur qui est au milieu du Visage, en est l'Organe, par le moyen d'vne petite porte oü Volet, qui ne s'oûure que quand on tire son haleine. Hyppocrate dit auec plus de vray-semblance que le Cerueau sent les choses seches, en tirant luy-mesme l'Odeur auec l'air par de petits corps cartilagineux.

L'objet du Goust est la

Saueur, & le Palais & la langue en sont les Organes. Quelques-vns veulent que cette derniere partie en soit le principal, ou le seul Organe, appuyez de cette authorité d'Aristote qui dit dans le premier liure de l'Histoire des animaux, que la langue est ce qui sent la saueur. Sa chair est molle, mince, lâche comme vne éponge, pour la distinguer; & large pour bien former la parole. Aussi en est-elle appellée bien souuent l'Organe.

L'attouchement a pour son obiet les premieres qualitez,

le Chaud, le Sec, le Froid, & l'Humide, & celles qui naissent de leur temperature & de leur mélange, le Leger, le Pesant; le Mol & le Dur. Mais on dispute de son organe. Les Peripateticiens disent que la chair & la peau en sont les Organes: & d'autres soutiennent que la peau est l'Organe de l'attouchemét exterieur, parce que c'est la partie la plus temperée: Qu'elle est la plus voisine des obiets sensibles, & qu'elle nous fait connoistre la premiere ce qui nous peut profiter, ou nuire. L'experience prouue que la fausse peau qui eſt appellée par les Medecins Epiderme, eſt le moyen de l'attouchement, & que la veritable en eſt l'organe. De tous les ſens, l'attouchement en eſt le plus neceſſaire, & c'eſt pour cette raiſon que la Nature l'a étendu par tout le corps; au lieu que les autres ſens ont chacun leur organe particulier. L'animal demeure animal apres la perte des autres ſens; Mais apres la perte de celuy-cy, il ne ſemble plus l'eſtre en effet. Les animaux qui ont la peau la plus déliée, comme les Araignées & les petits vers, ont auſſi l'attouchement le plus exquis & le plus subtil.

Il y a des sens internes dont le premier est appellé Sens-commun & l'autre Imagination ou fantaisie. Par cet ordre de l'école, on pourra iuger de leur dépendance & de leur employ. Les obiets impriment leurs espèces ou leurs images dans l'organe du sens externe qui les porte au Sens-commun: Celuy-cy les renuoye à l'imagination qui les donne en depost à la memoire qui les ramasse auec d'autres choses passées, & les offre à l'entendement qui les compareauec la connoissance de ces Images, & qui par l'habitude naturelle qu'il a des premiers principes, en tire vne conclusion que la volonté ne manque iamais d'approuuer, quád il n'y trouue rien à redire.

L'Imagination est vne Faculté corporelle qui reçoit les especes ou les images des obiets pour connoistre le Bien, & le Mal sensibles: & les Peripateticiens qui disent, qu'elle est à l'appetit, ce qu'est l'entendement à la volonté, definissent cet appetit vne Faculté corporelle qui se porte au Bien sensible, estant éclairée de l'imagination.

L'appetit est double selon les mesmes Philosophes ; Concupiscible, & Irascible. Par le premier l'animal se porte aux choses vtiles & necessaires ; à celles qui sont douces & agreables. Son siege est au Foye, selon quelques-vns : Platon veut mesme qu'il soit le principe de l'amour & de la concupiscence, & quelques Medecins qui donnent à l'vn & à l'autre Appetit des retraittes differentes, veulent auec Platon, qu'ils soient separez par la voûte du Diaphragme. L'Appetit sert ordinairement d'aiguillon à ce premier, & lui preste son assistance, comme on croit, parce qu'il s'oppose aux difficultez qui trauersent l'autre dans ce qu'il desire, & dans ce qu'il cherche. Cette distinction triomphe dans les Ecoles, quelque raisonnemét qu'on ait employé iusques-icy, pour faire voir qu'elle n'auoit gueres plus de fondement que les idées de Platon qui en ont esté bannies.

CHAPITRE III.

De l'Entendement et de la Volonté.

Pour iuger des auantages que l'Entendement peut auoir sur les autres Facultez de l'Ame, on n'a qu'à se souuenir de cette diuision que les Pythagoriciens nous ont laissée. Ils diuisent le Monde en trois, & nomment le premier Intellectuel; le second Elementaire, & le troisiéme Animal. L'Intellectuel se partage

LE PHILOSOPHE
en trois, & contient le Ciel des Planetes, le Firmament, & l'Empirée. L'Elementaire comprend l'Air, l'Eau, & la Terre. L'Animal comprend le Vegetable, le Sensitif, & le Raisonnable qui est l'Homme & qui contient en eminence, toutes les parties du Monde, parce que l'Elementaire est au Foye; l'Animal au Cœur, & l'Intellectuel au Cerueau, dans lequel l'Ame Raisonnable établit vn autre Monde particulier qui se partage encore en trois, & compose l'Imagination, la Memoire, & l'Entendement. L'Ima-

gination, comme le Principe de l'action des deux autres, est vne image du Monde Animal: La Memoire qui garde les impressions des especes, est l'Elementaire, & l'Entendement represente le Monde Intellectuel. Comme les trois parties de chaque Monde se rapportent encore à ces mesmes Facultez, l'Imagination regarde le Ciel des Planetes par les especes continuelles qu'elle fait rouler: La Memoire regarde le Firmament par ces mesmes especes qu'elle arreste, & l'Entendement est semblable à l'Empyrée. Dans les trois parries du Monde Elementaire, l'Imagination ressemble à l'Air par son mouuement subtil : La Memoire à l'Eau par son Humidité molle qui luy sert à receuoir toutes les figures, & l'Entendement à la Terre par sa fermeté. Dans les trois parties du Monde Animal, la Memoire qui s'augmente ou qui diminüe par l'Humidité, est l'Image du Vegetable : l'Imagination represente l'Animal par son action & par sa chaleur, & l'Entendement est vne Image du Raisonnable. On en peut tirer maintenant cette consequence, que l'Entendement

ment est solide & ferme à l'egard de l'Imagination & de la Memoire, ce que la Terre le peut estre à l'egard de l'Air & de l'Eau : Qu'il a sur l'vne & sur l'autre le mesme aduantage que le Raisonnable sur le Vegetable, & sur l'Animal ; & qu'il est d'autāt plus releué au dessus de ces deux autres puissances, que le Cerueau le peut estre au dessus du Cœur & du Foye.

Il y a cette difference entre l'Entendement Humain, Angelique, & Diuin, que l'homme connoist par les Images des objets : Que l'Ange a toutes les
I

Images en soy-mesme, & que Dieu n'en reçoit aucune, parce qu'il connoist toutes choses dans son Essence. Ceux qui ne distinguent point les Facultez, definissent l'Entendement, vne Faculté qui connoist, qui iuge, & qui se ressouuient, & veulent mesme que l'Ame s'appelle Entendement, quand elle connoist, & volóté, quand elle desire, parce que c'est vne Forme simple : Et comme toute Forme est la parfaite idée de son sujet, celle de l'homme est de connoistre le vray, & d'aimer le Bien, & d'estre vnie à l'vn & à l'autre.

Mais parce que la Volonté est vn desir, que le desir est vn mouuement, & que tout mouuement vient d'ailleurs, puis que rien ne se remuë de soy-mesme, d'autres soutiennent que la Volonté ne peut desirer aucune chose, sans estre remuée par quelque Faculté qui connoisse cette chose. En effet comme il n'est point de Desir sans connoissance, la Nature a ioint à l'Ame vn appetit double; l'vn Sensuel pour la connoissance du Bien sensible qui est connu tel par l'Imagination, & vn Raisonnable qui est la Volonté, pour la connoissance du Bien Honneste receü tel par l'Entendement : Et comme l'Imagination n'a pas plutost conceu le Bien agreable, qu'elle le propose à l'appetit qui s'y porte dés l'heure mesme ; l'Entendement n'a pas plutost connu le Bien Honneste, qu'il le represente à la volonté qui s'y porte aussi, pourueu qu'elle ne soit point preuenuë d'ailleurs, & que les Difficultez qui accompagnét ce Bien, ne soient point capables de l'en détourner. L'appetit Sensuel l'emporte alors sur l'Entendement, parce qu'il y a cette difference entre les mouuements de celuy-cy, & les mouuements de la volonté, que l'Appetit se laisse aller necessairement au Bien agreable que l'Imagination luy propose ; au lieu que la Volonté n'est iamais remuée si fort de l'Entendement, qu'elle ne puisse suspendre son action, & faire voir que rien n'empesche qu'elle ne soit libre.

Le Vray est l'obiet de l'Entendement, & le Bien est l'objet de la volonté qui n'agit que par le conseil de l'autre, & qui seroit tousiours oisiue, s'il ne la mettoit en exercice. Comme elle est aueugle, elle a besoing de quelque lumiere pour se porter à quelque action, & ne peut se passer de l'Entendement qui est son guide. Aussi est-ce vne des plus grandes preuoyances de la Sagesse vniuerselle, que d'auoir fourny de lumiere à des puissances qui en deuoient tirer d'autres des tenebres, & de leur auoir donné de quoy les regler & les conduire.

Quand ie dis que le Bien est l'obiet de la volonté i'entends le Bien veritable, & celuy qui ne l'est qu'en apparence, parce qu'on n'agit point auec vne intention portée au Mal. Si l'on oppose qu'on desire quelquesfois la Mort qui ne sçauroit estre bonne, puis que c'est la priuation de l'Estre qui est le fondement de tout bien; on peut répondre auec vn Moderne, qu'on ne desire point la Mort; mais qu'on la regarde comme vn Mal qui paroist moindre que celuy qu'on souffre, & comme la fin de tous les maux dont on est souuent accablé. On oppose encore que la volonté peut se porter au Mal comme au Bien, puis qu'elle est libre. Outre la réponse que i'ay des-ià faitte ailleurs, ie dis qu'elle est libre dans les bornes de son Obiet: Qu'elle a le Bien pour l'aimer, & le Mal pour le haïr: Qu'elle ne peut passer ces bornes que la Nature luy a prescrittes, & qu'il en est de mesme de toutes les autres puissances qui sont dans l'homme. La volonté a donc pour Obiet le Bien pour le suiure, & le Mal pour le haïr, comme l'Entendement a le vray pour le suiure, & le faux pour le reietter.

Il faut encore sçauoir que l'Entendement commande à la volonté d'vn commandement de conduite, quand il luy remontre qu'elle doit suiure ce qui est conuenable à la Raison, & s'éloigner de ce qui luy est contraire, comme le Medecin commande au Prince: Que la volonté commande à l'Entendement par vn Ordre de contrainte de la mesme façon que le Maistre commande à son seruiteur, comme de s'attacher à quelque Science, ou à quelque Art. La Volonté commande aux Puissances exterieures qui remuent l'Animal comme à la main, parce qu'elle a son interest propre pour son but, de la mesme sorte que le Seigneur impose des loix à ses esclaues. La Volonté commande encore en quelque façon aux Sens externes, puis que nous fermons les Yeux, quand nous voulons; mais non pas d'vn commandement absolu, puis que nous receuons necessairement les especes de l'Objet present, quand ils sont ouuerts. Enfin si la volonté n'a point de pouuoir sur le Sens-commun, puis que les Sens externes ne sçauroient agir sans receuoir les Images des objets, elle n'a point encore de commandement sur la Faculté naturelle, ny sur la Vegetatiue.

Chapitre IV.

De L'Ignorance, du Volontaire, & des Circonstances des Actions Humaines.

J'Ay des-ja fait voir que les Actions Humaines viennent de deux Sources fameuses dont elles dependent, de l'Entendement comme d'vne Faculté spirituelle capable de connoissance ; de la Volonté comme d'vne Puissance par laquelle l'homme est maistre de la plus grande partie de ses

Actions, pour les faire, ou pour ne les faire pas; du premier comme d'vn Guide, ou comme d'vn Precepteur qui luy decouure ce qu'elle doit haïr ou aimer; du second, comme de celuy qui les produit, & qui leur donne la Liberté qui leur est essentielle. Mais comme i'ay dit aussi qu'vne Action dependoit de nous, quand elle estoit volontaire; Qu'elle estoit Volontaire parce qu'on sçait ce qu'ō fait, & pourquoy l'on fait quelque chose: Qu'on ne l'appelleroit pas Volontaire, si on y estoit contraint, mais forcée, on peut juger qu'apres la Contrainte, rien ne luy peut estre plus contraire que l'*Ignorance*.

Il y en a vne de pure negation, comme celle d'vn homme qui ne connoitroit point la vraye Religion, pour auoir esté nourry parmy les Sauuages depuis sa naissance. Il y en a vne de mauuaise disposition, quand nous nous sommes opposez à la connoissance de nostre deuoir, ou par vn dessein formé, ou par vne negligence affectée, & que nous faisons apres le contraire de la chose que nous deuions faire. La premiere Ignorance rend nos actions inuolontaires; quoy qu'il s'agisse du Droit, comme quand nous ignorons l'ordre du Legislateur; ou quoy qu'il s'agisse du Fait, comme quand nous tuons vn homme à la Chasse, pensant tuer vn Cerf, vn Lieure, ou quelque autre Beste. L'Ignorance inuolontaire nous rend excusables dans nos fautes, lors que nous croyons bien faire, ou que nous ne croyons point faillir, iusques-là mesme que nous le sommes dans les choses où nous porte la disposition necessaire de la Nature; comme il arriue dans les premiers mouuements qui ne sont pas en nostre puissance, à cause que l'Esprit est foible, & que ces actions qui ne sont pas proprement forcées, puis qu'elles partent d'vn principe naturel, le sont toutefois en quelque façon, parce qu'elles choquent la volonté qui s'y opposeroit d'abord, s'il estoit possible.

L'Ignorance de mauuaise Disposition, ou d'Erreur, est volontaire, quoy que ce qui est volontaire, doiue estre connu, & que l'Erreur connuë ne puisse estre volontaire en celuy qui la connoist, puis qu'elle est reformée par la connoissance. On peut dire toutesfois qu'elle n'est volontaire qu'en general, parce que nous auons bien de la preuoyance pour ce qui doit causer nostre Erreur; mais sans la particulariser, & que nous ne voulons pas empescher ce qui cause en nous cette preuoyance, comme vn homme negligent peut bien reconnoistre en general que sa negligence le fera manquer à son deuoir, sans preuoir en particulier la faute où il doit tomber.

L'Action Morale perd son titre & son priuilege par la necessité

cessité d'agir, de quelque endroit que cette necessité vienne, ou de la connoissance parfaitte d'vn objet parfait, comme de celle qui se trouue dans les Bien-heureux qui aiment Dieu necessairement, & qui font les actions qui se rapportent à leur bon-heur; ou de l'ignorance: comme de celle qui se rencontre dans les enfans; dans les fous; en ceux qui dorment; ou dans les personnes yures. Ces Actions ne peuuent estre appellées Morales dans les derniers par leur defaut; ny dans les premiers,

K.

par leur extréme perfection. Ceux qui sont yures, n'agissent pas librement, puis qu'ils agissent sans connoissance : Mais il faut sçauoir aussi qu'vne chose peut dependre de nostre volonté en deux manieres; en elle mesme, quand nous pouuons ne la faire pas immediatement, auant que nous la fassions: comme quand nous rendons librement iustice à quelqu'vn, & que nous pouuions ne la luy pas rendre. Vne chose peut encore dependre de nous dans sa Cause seulement, quand nous nous portons à quelque Action, qui en vient apres, lors qu'elle ne depend plus de nostre volonté, pour manquer de pouuoir ou de connoiffance. Dans cet eftat quoy que ceux qui font yures, ne foient pas maiftres de leurs actions, tant qu'ils font yures; elles ne laiffent pas d'eftre volontaires, s'ils ont peu preuoir ce defordre, en apparence, parce que qui veut la caufe, femble auffi vouloir tout ce qui en peut arriuer. Or comme ils s'yurent volontairement, ils veulent dans leurs Caufes les defordres où cette yureffe les engage : De sorte que l'action de s'yurer est immediatement libre, comme premiere ; & les autres qui la suiuent, ne le sont que dans leur Cause.

Il reste vne difficulté touchant l'Action que i'ay appellée volontaire quand on n'y estoit point contraint ; & l'on peut demander si outre l'Ignorance & la contrainte, quelque chose peut empescher qu'vne action soit volontaire. La raison de douter vient de la crainte, ou de quelque autre Passion, comme quand vn marchand iette ses marchandises dans la Mer, de crainte de faire naufrage. On peut répondre de ces actions & de leurs semblables ce que nous auős dit des premiers mouuements, ailleurs. Elles sont en partie contraintes, & en partie volontaires: Contraintes, parce que sans la crainte du peril on en vseroit autrement, & volontaires, parce que le Marchand, apres auoir examiné toutes choses, trouue à propos de perdre le moindre Bien, pour conseruer le plus grand, & de receuoir le moindre Mal pour en euiter le pire.

L'Action Morale que i'ay definie ailleurs, & qui eſt vne action libre, importante & reglée par la Raiſon, tend au Bien comme au Bien, quand elle eſt bonne Moralement. Quand on dit qu'elle eſt bonne Moralement, on la diſtingue des cauſes naturelles, comme des Aſtres qui ne nous font pas librement le Bien que nous receuons de leurs influences : Et quand on dit qu'elle tend au Bien comme au Bien, elle eſt diſtinguée de ce qui eſt fait pour quelque mauuaiſe Fin. Sur ce principe, Qu'elle tend au Bien comme au Bien, vn Moderne soûtient que la Pauureté & le Ieûne volōtaire ne sont point des actions Moralement bonnes, si elles n'ont point d'autre but que l'abstinence des viandes, & des richesses, parce que les priuations, comme telles precisément, ne peuuent estre l'obiet d'vne action bonne, puis que le Bien qui n'a point de qualitez, ne peut estre vn Bien, ny par consequent le suiet d'vne action Moralement bonne. En effet, dit il, sil'on supposoit que les defauts en fussent eux-mesmes le suiet, il faudroit conclure en suite, que les choses qui leur seroient opposées, seroient aussi le suiet d'vne action mauuaise Moralement; ce qui est tres faux; parce que quand deux extemitez sont opposées l'vne à l'autre priuatiuement, comme on parle dans les Escoles, c'est à dire en qualité de possession, & de defaut; & que l'vne est bonne, il faut necessairement que l'autre soit mauuaise; ou au contraire. Dans cette supposition il faudroit conclure qu'il y auroit du Mal à vouloir estre riche, s'il y auoit du Bien à vouloir estre pauure : Et si on oppose que c'est vne chose bonne & loüable que de ne point dérober, on répond, continuë cet autheur, que ce n'est point vne chose loüable que de s'abstenir du Mal precisément; mais en ce que cette abstinence est attachée à la conqueste, ou à la conseruation d'vn Bien qui la fait valoir & qui la releue.

L'intention, le choix, le consentement & la iouissance sont les principales circonstances de l'action humaine. L'intention est vne action de la volonté par laquelle elle pretend fortement aller par certains moyens à la Fin qu'elle se propose. Elle est differente du Choix qui ne regarde que les moyens & non pas la Fin, & s'appelle d'Action quand l'esprit se porte & s'applique à ce qu'il fait, sans en estre diuerty; ou d'Habitude, qui se forme en nous de plusieurs actions. Le Choix est vne action de la volonté par laquelle elle se porte aux moyens qui conduisent à la

MORAL, II. PARTIE. 155
Fin qu'elle se propose. Le consentement est vne action de la volonté qui suit le Choix. Le Conseil est l'action de la volonté qui choisit les moyens & qui les enchaisne pour arriuer à la Fin : & cette action est appellée Conseil, parce qu'elle cõsulte qui des moyens est le plus seur, le plus conuenable, & le plus facile, & Deliberation, quand elle se resout à l'vn ou à l'autre, apres les auoir tous mis en balance. La Iouïssance est vne actiõ de la volõté par laquelle noº nous reposons dans la Fin que nous

nous estions promise. Voylà les principes des actions Humaines qui ont encore pour leurs Circonstances, les Moyens, la quantité, la nature de l'action, la personne, le temps & le lieu. Il faut parler des autres principes dans la troisiéme Partie de cet Ouurage.

LE PHILOSOPHE MORAL.

TROISIESME PARTIE.

CHAPITRE PREMIER.

Des Passions en general.

COMME les parties de l'homme sont differentes ; qu'il est composé de la Raisonnable, & de l'Animale : Que la volonté n'a point d'autre guide que l'Entendement qui luy represente toufiours le Bien honnefte, & que l'Appetit fenfuel fe porte au Bien que l'imagination luy propofe comme vtile, ou comme agreable, ou comme tous les deux enfemble. C'eft de là que l'Homme fe partage entre des mouuements fi contraires, & qu'il eft dans fes refolutiós, ce qu'eft le vaiffeau dans la tempefte. Les Paffions qui l'agitent, & qui le troublent par l'imagination du Bien & du Mal, font quelques-fois fi dangereufes qu'elles caufent toutes les indifpofitions du Corps, felon

Platon, parce que l'Ame dont la puissance s'étend souuerainement sur le corps, l'émeut & le change, & le fait passer de la santé la plus parfaite, aux maladies les plus incommodes, & les plus cruelles.

Les Stoïciens soutiennent que le Sage doit estre sans passions, parce qu'elles sont à l'Ame ce que les indispositions sont au corps, & c'est sur ce principe, qu'ils les appellent des maladies. Ils disent qu'elles s'opposent toutes au Souuerain Bien qui est la tranquilité de l'esprit : Que la Nature n'en vaut pas mieux, que

l'vsage, & n'en parlent que comme des Monstres qui perdent enfin ceux qui les éleuent, ou qui s'y fient. Ils ne se contentent pas de retrancher les branches nuisibles de ces passions : Ils portent le fer & le feu iusques à leur derniere racine, & veulent qu'elles soiét aussi éloignées du Sage, que la maladie de la Santé. Ils crient que l'vne ne va iamais guere sans l'autre ; Qu'elles mettent le corps où elles mettent vne fois la teste comme le serpent ; Qu'elles entrent en foule dans l'Ame, comme des ennemis insolens & furieux dans vne
place

place assiegée, & qu'elles n'épargnent pas mesme ce qui ne leur fait point de resistance. De cette idée qu'ils s'en forment, ils veulent qu'il soit plus glorieux & plus aisé de les épouuenter que de les combattre, de les étouffer que de les soumettre. Ils n'en connoissent ny d'oisiues, ny d'innocentes ; & de quelque costé qu'ils les examinent, ils n'en trouuent gueres de plus douces que les furies. Ils disent qu'on n'est pas vertueux pour moderer simplement ses Passions : comme on n'est pas sain pour auoir reduit la fiéure

L

à quelque degré mediocre: comme on n'est pas Sage pour n'auoir qu'vn peu de folie. Panætius interrogé à ce propos, s'il estoit permis au Sage d'aimer. Pour le Sage, dit-il, nous en parlerons vne autre fois ; mais pour nous deux qui ne meritons pas encore ce nom, gardons-nous bien de tomber dans vne maladie si dangereuse. C'est ainsi que Stobée, dans ses Eclogues, definit la Passion, selon leur doctrine, Vne excessiue Impetuosité qui est rebelle à la Raison, ou bien vn Mouuement contre Nature. Il semble en effet que les Paſſions ſoient à leurs Hoſtes, ce que le Cheual de Seian eſtoit à ſes maiſtres. Il eſt preſque impoſſible de les chaſſer, apres les auoir vne fois logées. Celuy qui s'en eſt deffait, eſt allé au delà des forces de la Nature : Il peut s'écrier auec les Magiciens d'Egipte, *C'eſt icy le Doigt de Dieu*, & ne doit point chercher de moyens de paruenir à la Sageſſe, s'il ne pretend faire des ſouhaits pour ce qu'il poſſede.

Les Diſciples de Platon & d'Ariſtote ne s'accordent pas auec les Stoïciens dont Lactance fait passer la Philosophie pour vne fureur, quoy que Seneque nomme le remede des autres, abominable. Ils soutiennent que les Passions sont d'elles-mesmes indifferentes, & que c'est de leur vsage & de leur fin qu'elles tirent leur honte ou leur gloire. En effet, comme les meilleures choses mal appliquées deuiennent mauuaises; les plus Mauuaises deuiennent Bonnes, quand on a trouué le secret de s'en bien seruir. Les paroles sont comme on les prend, & les choses comme on s'en sert, dit vn Euesque d'Angleterre. Il est donc certain que ces Philosophes seueres ont creu que la condition des Galeux, n'estoit pas si releuée que celle des Ladres : Et que pensants éleuer l'Homme au dessus de l'Homme, ils l'ont mis au dessous des Bestes. Il est impossible de déraciner les Passions, parce que les premiers mouuements ne sçauroient estre volontaires : Qu'elles sont entées dans nostre Nature ; & qu'estans actions de l'Appetit, elles font vne partie de nous mesmes. Quand cette entreprise s'accorderoit auec nos forces, il seroit dangereux

LE PHILOSOPHE
de s'y resoudre, puis qu'il n'est point de Vertu sans Passion, & que celle-cy peut seruir de matiere à l'autre. Pour voir que la Philosophie des Stoiciens n'est qu'vn beau ieu de paroles, il suffit d'en remarquer vn qui pressé d'vne Colique, faisoit des contorsions épouuentables des bras, & des iambes ; grinçoit les dents ; se renuersoit tout le Corps ; & se tournant du costé de la compagnie, soutenoit auec vn visage de Demoniaque, que la Colique n'estoit pas vn Mal. Theages de la Secte de Pythagore, disoit mieux, qu'on ne

deuoit pas établir la Vertu à bannir les Paſſions, mais à les regler: Comme il n'eſtoit pas neceſſaire pour joüir de la Santé de bannir les premieres qualitez, le Chaud; le Froid; le Sec, & l'Humide; mais les temperer: Comme il ne falloit point retrancher de la Muſique le ton bas, ny le ton haut, parce qu'ils en troubloient l'Harmonie, mais les accommoder auec iuſteſſe. Ariſtippe diſoit de meſme, que celuy-là ſçauoit moderer la volupté qui ne s'y laiſſoit point emporter; & non pas celuy qui s'en abſtenoit entierement; comme on tient vn homme pour bon Escuyer, ou pour bon Pilote, qui manie bien vn Cheual, ou qui gouuerne bien vn Nauire, & non pas celuy qui ne se sert de l'vn, ny de l'autre.

Il est donc plus iuste de conclurre auec Aristote que le Sage n'est point exempt de Passions ; mais qu'il les accorde auec la Raison : Et c'est ainsi qu'il faut entendre ce Philosophe, quand il dit que les Heros n'y sont point sujets, parce qu'ils n'en souffrent point la tyrannie, & qu'elles ont en eux des mouuements de peu de durée. Les Stoiciens qui ont soutenu le contraire, n'ont fait ny le Sage, ny son Phantosme, parce que le Sage doit estre heureux; Et qu'il n'y a point de felicité à n'aymer, ou à ne haïr aucune chose. Saint Augustin dit que les Bons & les Méchants craignent, & se réjoüissent diuersement: Et Iesus-Christ pour témoigner qu'il n'estoit pas plus aisé de déraciner les Passions, que d'en retrancher le Siege, a pleuré le Lazare, & a confessé qu'il estoit triste jusques à la mort. I'entends donc parler du Sage, de la mesme façon qu'Aristote parle du Heros;

Et quand ie le rends indifferent, comme s'il estoit insensible, & que ie le fais tenir debout où d'autres chancellent, ie veux dire seulement qu'il accommode ses mouuements à la Raison; Qu'il discipline & regle ses Passions, quand les autres s'y laissent conduire.

Ces mouuements sont appellez des Passions, ou parce que l'imagination patit de l'obiet, ou parce qu'ils se rendent sensibles par quelques marques de dehors qu'ils impriment sur le corps & sur le visage, comme on peut le remarquer dans l'amour; dans la crainte, dans la tristesse & dans la colere. Quelques-vns definissent la Passion, vn Mouuement de l'Appetit, qui vient de la connoissance du Bien & du Mal, pour la conseruation de l'Animal ; ou bien, Vn Mouuement par lequel on est porté à la recherche du Bien, & à la deliurance du Mal ; Il y en a qui la nomment simplement vne Emotion de l'Ame: Et d'autres la definissent Vn sentiment, ou vne emotion de l'Ame qui se rapporte à elle particulierement, & qui est produitte, entretenuë, & fortifiée par quelque mouuement des Esprits.

Leur nombre a esté limité par quelques-vns à l'Amour, & à la Haine, sur le principe d'Empedocle qui soûtenoit que toutes choses estoient faites d'harmonie & de dissonance. Leur dénombrement peut-estre tiré des manieres differentes que l'imagination conçoit le Bien & le Mal ; car nous auons des-ia dit ailleurs que toutes choses nous disposoient à l'action par le Bien & par le Mal qui en pouuoit reuenir ; de sorte qu'vne chose n'est pas plutost iugée bonne, ou mauuaise, qu'elle excite l'Amour ou la Haine. Or ce Bien est ou absent, d'où vient le Desir: Ou present d'où vient la Ioye: Ou accompagné de difficultez qu'on croit pouuoir surmonter, d'où vient l'Esperance; Ou accompagné de difficultez qu'on iuge inuincibles, d'où vient le Desespoir. Le Mal de mesme cause la Fuitte quand il est absent, fait naistre la Tristesse, quand il est present: Engendre la Hardiesse, quand il est absent & difficille: Excite la crainte, quand on ne croit pas qu'on s'en puisse retirer; & nous porte à la Colere, quand il est present, & qu'on croit en pouuoir tirer quelque vengeance.

Par ce que ie vien de dire, il est aisé de iuger qu'elles sont opposées par leur obiet : & c'est ainsi qu'on met de la difference entre l'Amour & la Haine, puis que l'Amour a le Bien pour son Obiet, & que l'obiet de la Haine, c'est le Mal : Que le Bien absent est l'obiet du desir, & le Bien present, l'obiet de la ioye; ou parce que l'vne nous oblige de nous approcher de l'obiet, & que l'autre nous en éloigne.

Chapitre II.

De L'Amour, & de la Haine.

DE toutes les Passions l'Amour en est la plus naturelle puis qu'elle ne se trouue pas seulement dans tous les hommes, mais encore dans le reste des animaux qui vont à leur Bien, & qui recherchent ce qui semble auoir du rapport auec leur Nature. Cette Conuenance va bien plus loing, s'il en faut croire ces Philosophes qui ont donné du sentiment à toutes les plantes, & ces autres qui rapportét à l'Amour qu'ils appellent Sympathie, la plus grande partie des merueilles qui nous eſtonnent & qui nous confondent. On peut dire à tout le moins que cette Paſſion eſt la ſource de toutes les autres, puis que nous ne ſommes émeus que parce que nous aimons quelque choſe, & qu'on ſe defferoit de toutes ſortes de tranſports, ſi l'on auoit le ſecret de ne rien aimer.

Saint Thomas veut qu'il y ait vn amour d'Amitié, & vn autre de Conuoitiſe ; Et l'Eſcole tire ſes noms de ſes objets comme

comme du Delectable; de l'vtile, & de l'honneste. Platon dit que l'Amour est vne Complaisance pour le Beau : Et ce qui est Beau, est lié si étroitement à ce qui est Bon, qu'on ne les peut separer, sans diuiser l'vnité mesme. Quelquesvns ont creu de là que tout ce qui est Beau, est proprement vn Rayon de la Beauté mesme qui est Dieu, & que nous estions contraints de l'aimer; puisqu'il n'estoit pas en nostre pouuoir d'empescher que ce Rayon ne nous parust Beau. En effet le pouuoir de la Beauté a esté si grand que c'est par elle, selon quelques-vns, que les premiers hommes ont esté distinguez les vns des autres: Qu'ils ont esté éleuez aux plus hautes charges, & qu'ils se sont fait reuerer, comme si ce Caractere qui reluisoit en eux, eust esté le charme & la loy de tous les Peuples. Il semble qu'Aristote ne se soit pas éloigné de ce sentiment, quand il a dit que c'estoit à la Beauté à commander, & nous sçauons qu'elle est appellée par Socrate vne Courte tyrannie, & par Platon vn Priuilege de la Nature, & l'Ame du Monde. Ne sçais-tu pas, dit Socrate dans Xenophon, que cet Animal, qu'on nomme Beau, est plus fort que tous les Bataillons ensemble? Puis qu'ils ont besoin de toucher pour nuire: Que c'est assez de le regarder pour en estre émeu: Qu'il darde par les yeux de certaines qualitez dont la force est telle, qu'elle en fait passer de la Sagesse à la Folie; & qu'on a feint pour cette raison, que les Amours estoient des Archers, parce que les Belles personnes frappent de loing, & que leur coup n'est iamais plus pront, que quand il semble n'estre point à craindre. Petrarque appelle cet Amour vne Playe charmante ; vn agreable Poison ; vne amertume delicieuse ; vn Supplice diuertissant ; vne douce Mort. Salomon le nomme vn Ré dans lequel les plus libres ames se prennent. Caton dit que c'est vn Esprit plein de feu qui se nourit dans le corps d'autruy : Vn Espagnol l'a definy vn ie ne sçay quoy, qui vient de ie ne sçay où, & qui naist ie ne sçay comment. C'est le mesme à qui vn Tragique dans Athenes donne deux Arcs, l'vn de faueurs, & l'autre de peines ; que Platon nomme vn Mélange de douleur & de plaisir, & que Socrate definit le Desir de la Beauté. Ce n'est à proprement parler qu'vne Passion qui vient de la connoissance du Bien soit proche, soit éloigné; ou vn Mouuement qui nous vient d'vne chose que nous connoissons nous estre conuenable.

La premiere cause de l'Amour est le Bien, de quelque façon qu'on le considere : La seconde est la ressemblance. Celle-là est generale, & celle-cy particuliere; quoy que quelques-vns ayent voulu que cette derniere cause deuançast l'autre. Par la ressemblance j'entends celle des esprits & des humeurs, & s'il est vray que nous nous aimons plus que toutes les choses du monde, & que nostre amour commence tousiours par nous mesmes, il est certain que les personnes qui nous ressemblent le plus, nous paroistront les plus aimables. La troisiéme cause de l'Amour est l'Amour mesme, parce que nous aimons naturellement ceux qui nous aiment. Piccolomini dit à ce propos que les plus belles personnes ne sont pas tousiours les plus aimées, mais que celles-là sont les plus aimables qui aiment le plus. Et ce n'est pas d'auiourd'huy qu'on dit que l'amour est luy-mesme sa recompense. D'autres adioustent la Bonté, parce que nous aimons vne chose quand nous la cónoissons bonne : mais cette derniere cause est presque la mesme que la premiere, selon la plufpart des Philosophes, quoy qu'à mon aduis elle en soit fort differente, puisque l'experience fait voir souuent le contraire de ce qu'ils asseurent.

On demande maintenant qui des deux est le plus noble, ou d'aymer ou d'estre aimé?

La plufpart des Philofophes répondent qu'il eſt plus noble d'aimer que d'eſtre aimé : Qu'aimer eſt vne action reelle, & qu'eſtre aimé n'eſt qu'vn tiltre qu'on donne à la choſe : Que ce qui agit, eſt plus noble que celuy qui patit: Qu'aimer eſt proprement faire du Bien : Qu'eſtre aimé c'eſt en receuoir, & que c'eſt demander qui des deux eſt le plus noble ou du bien-facteur, ou du redeuable? D'autres diſent qu'il faut que la perſõne aimée ſuppoſe en elle quelque vertu particuliere qui attire celle qui aime : Que l'Amant y trouue quelque perfection en effet, puisqu'il s'efforce autant qu'il peut, de se rendre semblable à elle, & de luy estre mesme vny. Son desir est vne marque de son indigence, puis qu'il cherche ce qu'il n'a point: Et comme il attend son bon-heur de la chose aimée, il semble qu'il seroit aussi peu raisonnable de luy donner l'aduantage en cette rencontre, que si on le donnoit à la matiere, au preiudice de la forme dont elle attend sa perfection.

La premiere opinion est vraye si l'on regarde les choses precisément, parce que le rien ne peut estre comparé auec ce qui est reel : Qu'aimer est quelque chose, & qu'estre aimé n'est en effet qu'vne denomination externe à la chose pour le rapport qu'elle a, en qualité d'obiet, à vne action qui est hors d'elle. Si ce qui aime, affectionne la chose pour le Bien de cette chose là mesme, elle est veritable encore, parce que l'amour que quelques-vns apellent d'amitié, est plus noble que l'amour de conuoitise, & qu'il est plus glorieux de faire du Bien que d'en receuoir. Mais si la personne qui en aime vne autre, l'aime pour sa necessité particuliere, & pour en tirer quelque Bien, il est plus noble d'estre aimé que d'aimer.

A ceux qui demandent qui des deux a le plus de disposition à l'amour, ou de l'Homme, ou de la Femme? on peut répondre que la Femme y doit estre la plus portée. En effet comme l'amour vient de l'Abondance, & de la Necessité, selon Platon : Que l'amour des femmes vient de la necessité : Que l'amour des Hommes ne demande qu'à se communiquer ; & que nous sommes plus portez à chercher ce qui nous manque, qu'à cómuniquer ce que nous auons de trop, il est vray-semblable que la femme est plus disposée à l'amour que l'homme. Aristote le confirme, quand il asseure que la femme est à l'égard de l'homme, ce qu'est la matiere à l'égard de la forme; & sur ce principe on ne peut douter que la femme ne reçoiue plus aisément les impressions de l'amour. On peut adiouster que la honte & la crainte qui font autant d'obstacles secrets à l'amour des femmes, leur font autant d'amorces subtiles, & qu'il en est à peu prés comme des Rayons du Soleil qui redoublent leur chaleur dans le corps qu'on leur op-posé.

On peut demander encore si l'on aime plus dans l'absence que dans la presence : Mais puis que l'éloignement fait ordinairement languir l'Amour : Que la presence l'échauffe : & que les choses presentes, selon Aristote, nous remuent plus puissamment que celles qui sont éloignées, il est inutile de subtiliser, quand on a contre soy l'Experience & la Raison. Cependât, puisque la fin de la Morale n'est pas de representer simplement les choses, selon le mesme Aristote; mais de les employer à quelque meilleur vsage, ie passeray du Mal aux Remedes; mais ce ne sera qu'apres auoir supposé, comme ie l'ay dit ailleurs, que les premiers mouuements ne sont point à nous : Qu'il n'est pas possible de donner des Remedes particuliers, mais generaux pour les Passions, & que ie n'employe ces remedes que contre les Passions nuisibles.

Pour rendre cette Passion inutile, il faut d'abord la combattre, ou du moins luy resister, parce qu'il est aisé d'arracher vn Arbre, quand il est jeune ; Mais quand il a jetté de grandes & de profondes racines, on n'a pas assez du Fer & du Feu ; il y faut encore employer toute son industrie & toute sa force. Les Ruisseaux sont calmes ordinairement aupres de leurs sources ; mais ils s'étendent & s'élargissent à mesure qu'ils prennent leur cours, & font tous ces débordements effroyables qui desolent nos Campagnes, & qui portent le Desespoir dans toutes les Villes. Le second precepte est de bien prendre son temps pour étouffer cette Passion qui est forte comme la Mort, dit l'Escriture, & de balancer les incommoditez qui la peuuent suiure. Pour le premier point, il est certain qu'il est des saisons où nos Resolutions sont plus vigoureuses: Que tous les iours, & toutes les Heures ne sont pas propres aux Medecines. Pour le second, il est necessaire d'aller au deuant de l'auenir, & comme il faut faire le Philosophe dans celuy-là, dans celuy-cy on doit faire le Prophete. On peut donc examiner iusques où peut où peut monter cette passion, quand nous consentirons à la laisser libre, & consideter la honte & le Repentir qui la suiuent; les Maux qu'elle nous prepare; & les incommoditez qui en sont inseparables. Outre l'Absence & le Temps qui peuuent affoiblir cette passion, il n'est rien de plus important à mon aduis que de s'occuper à des choses serieuses, & de fuir l'Oisiueté qui a esté nommée l'Amorce de tous les vices. Aussi Diogene nomme-t-il l'Amour l'Occupation des oisifs; & l'on veut mesme qu'il doiue à l'oisiueté sa naissance & sa nourriture.

Ei nacque d'Otio, e di lasciuia humana;
Hudrito di pensier dolci e soaui,
Fatto signor e Dio da gente vana.

La veuë des farces & des Comedies; les Dances, les Balets, & la Musique réueillent étrangement cette Passion : Mais pour s'en corriger, ou pour s'en deffaire, il n'est point de moyen plus seur que de conuerser auec les Sages, & de s'attacher aux liures dont chaque page porte quelque exéple ou quelque précepte de Vertu. Puis que les choses ne sçauroient estre mieux connuës que par leurs contraires, on peut distinguer les qualitez de la Haine, par celles que nous auons données à l'Amour, & conclurre que la Laideur, la Malice, la diuersité des Esprits & des Humeurs, & la Haine mesme font naistre la haine.

CHAPITRE III.

Du Desir & de la Fuite.

ARistote dit que la Nature du Desir est infinie, &

qu'elle n'a ny milieu, ny bornes. C'eſt vne Paſsion importune qui demande tout ce qui luy manque : Vne Vagabonde qui ne s'arreſte en aucun lieu. Elle ne voit point de Bien éloigné dont elle ne s'efforce de s'approcher : Elle veut le poſseder auſsi-toſt que le connoiſtre. Côme on a dit autresfois que Thraſylas ſe perſuadoit que tout ce qui entroit au port de Pyrée, eſtoit à luy ; Elle ne voit point de Bien ſans en vouloir faire ſon propre : Et il en eſt en quelque façon comme de cet effroyable Coloſſe qui portoit vn pied ſur l'Eau, & l'autre sur Terre. Il est de nos Desirs comme des procez, dit Seneque; la fin de l'vn est tousiours le cómencement d'vn autre: Et pour dire la verité, l'Homme auroit plus de peine à limiter ses Desirs, que ces filles de la Fable n'en ont à remplir leurs Cribles.

Le Desir n'est autre chose qu'vne Passion qui vient de la connoissance du Bien absent; comme la fuitte n'est qu'vne emotion, qui vient de la connoissance du Mal absent. On s'approche du Bien, par le Desir, & l'on s'éloigne du Mal, par la Fuite. Aristote dit qu'il y a des Desirs naturels en nous qui sont necessaires, & d'autres qui ne sont pas absolument necessaires. Il appelle les premiers Raisonnables, & nous sont communs auec les Bestes, comme de Boire, & de Manger, & nomme les autres Irraisonnables, comme la delicatesse du Boire, & du Manger.

Si nous viuions selon la Nature, elle se contenteroit de peu, dit Seneque ; mais l'Opinion nous fait courir apres tout ce qu'elle nous propose. Par l'vne nous ne sçaurions estre iamais Pauures ; & par l'autre nous ne sçaurions estre iamais Riches. Ce n'est pas la Necessité qui cause la plus grande partie de nos desordres; mais l'Opinion qui est la mesure de nos actions, & mesme de toutes les choses. Ce n'est ny par leur éclat ny par leur Beauté, mais par nostre seule creance qu'elles ont vn prix, & c'est presque à ce propos que Diogene disoit qu'on achettoit plus cher vne Statuë qu'vn Sac de Farine. Nous negligeons bien souuent les choses dont nous auons plus de besoing; & nous faisons valoir des Fleurs, des Coquilles, &

LE PHILOSOPHE des bagatelles.

Pour resister à ce Desir qui nous tyrannise, il est absolument necessaire de l'empescher de vieillir, parce qu'il n'est iamais plus dangereux que dans sa suitte: Et comme certaines maladies, il tire sa force & son opiniastreté de sa vieillesse. Le Temps l'éleue & le nourrit si on n'y préd garde, & rend cette Passion si forte & si grande, qu'il semble qu'elle doiue tousiours durer la derniere en nous, & que la Mort ait fait auec elle le mesme traitté que le Cyclope d'Homere fit autrefois auec Vlisse. Il faut encore examiner ce Defir, & le conuaincre, s'il eft poffible, par fon defaut mefme. Pour Defirer toutes chofes, ou pour en Defirer quelques-vnes qui nous des-honorent, nous perdons vn temps, & nous en employons mal vn autre. Il ne faut pas que noftre peine foit fans recompenfe, dit Seneque, ny que la recompenfe foit indigne de noftre peine. Dans l'vn il y auroit de la trifteffe, & dans l'autre il y auroit de la honte. Ie dis qu'il faut examiner ce Defir, de peur que nous ne nous trompions enfin nous mefmes; & que nous ne pre-

LE PHILOSOPHE
nions l'Ombre pour le Corps, & l'apparent pour le veritable, comme ce ridicule qui prenoit vne Nuée pour vne Déesse; ou comme cét autre qui embrassoit des Roseaux pour vne Nymphe.

CHAPITRE IV.

De la Volupté, & de la Douleur, ou de la Ioye, & de la Tristesse.

CEt Antiphane qui soutenoit qu'il ne restoit plus que la mort à l'homme, quand on luy oſtoit la Volupté, n'eſtoit pas du meſme aduis de Platon qui dit que c'eſt par force que l'homme ſe rend vitieux. Quelques-vns ont nommé la Volupté la Compagne de la Douleur; l'Ennemie de la Raiſon, & la Mere du Deſeſpoir. Elle eſt l'Appas des vices ſelon Platon: Elle en eſt le commencement, ſelon Seneque, & la ſource & la meſſagere, ſelon Plutarque. Architas veut qu'elle ſoit vne Peſte mortelle: Sophocle en fait vne Maiſtreſſe furieuſe: Vn autre dit qu'elle nous derobe noſtre vigueur, & qu'elle nous aduance toutes ces incommoditez qu'vn Ancien nomme dans Stobée, les Preludes de la vieilleſſe. Epicharme & Socrate comparoient la Volupté au Flus & Reflus de l'Euripe ; & quelque autre a dit auec Platon qu'elle eſtoit ſemblable au Vaiſſeau percé, puis qu'elle ne pouuoit eſtre remplie.

Le meſme Platon qui ſepare la Volupté de la Ioye, l'appelle vn Mouuement de l'appetit, qui flatte & qui chatoüille les Sens, & veut que la premiere regarde le Corps, & l'autre l'Eſprit : C'eſt d'elle qu'Aristote entend parler, quand il dit qu'il est impossible que nous soyons gens de Bien au milieu de la Volupté : Et c'est de là que les Stoïciens soutiennent qu'il n'y a que le Fort, le Iuste, & le Temperant qui soyent capables de se réioüir; que les Méchants ne se reioüissent pas autrement de leurs delices que les Lyons de leur proye, & que la veritable joye ne peut entrer que dans l'ame de leur Sage. La Douleur, qui est opposée à la Volupté, regarde le Corps aussi-bien que celle-cy, & vient d'ordinaire ou de l'alteration du temperament en quelque partie ; de quelque fluxion incommode ; d'vne Bleſſure exterieure, ou de quelque accident étrange.

La Ioye ou le Plaiſir eſt vne Paſſion qui vient de la connoiſſance du Bien preſent, ou pluroſt de la ioüiſſance d'vn Bien, comme l'Emotion de l'ame qui vient d'vn Mal preſent, eſt nommée Triſteſſe. La ioye n'eſt pas dans l'Action, mais dans le Repos, ſelon Ariſtote, & c'eſt pour cela meſme que ſe Reioüir n'eſt autre choſe que ſe repoſer dans la ioüiſſance d'vn Bien. Ceux qui ont voulu rendre la plus grande partie des Passions, necessaire à la vie de l'homme, ont soutenu que la Colere estoit vtile aux personnes qui abondent en pituite, parce qu'elle échauffoit leur Sang, & qu'en augmentant leur chaleur naturelle, elle aïdoit en mesme temps à cuire & à digerer cette humeur qui de toutes celles qui sont en nous, en est la plus froide. Ils disent que la Tristesse peut seruir à ceux qui sont gras: Que la Crainte peut remettre les personnes qui sont en danger de perdre la vie, par vne sueur, ou par quelque euacuation excessiue ; Mais

quand ils viennent à la Ioye, ils l'appellent le Bien de la vie, & la conseruation de la Santé. Aussi vient-elle du cœur qui s'ouure pour receuoir ce qui luy est agreable, & qui répend, en s'élargissant, beaucoup de Chaleur naturelle, de Sang, & d'Esprits dont vne partie est portée à l'Habitude du corps, & l'autre au visage. C'est ce qui le fait enfler : Ce qui rend le Front poly, les Yeux brillants, & les ioües vermeilles : Et c'est l'abondance de ces esprits qui nous applatit les Levres, qui nous fait retirer la Bouche par le moyen des Mus-
cles

cles qu'ils étreciſſent, & qui nous cauſe le Ris qui eſt vn des premiers ſignes de la Ioye. Auſſi eſt-ce la plus noble des Paſſions, puis que par elle on ſe repoſe dans le Bien dont on ioüit: Que toute autre Paſſion eſt vn Deſir: Que tout Deſir eſt vn mouuement: Que la ioye eſt vn repos, & que le repos eſt plus noble que le mouuement.

Elle a diuers effets, comme elle a diuerſes cauſes; mais quand elle va iuſqu'à l'excez, il eſt certain qu'elle eſt mortelle. Elle fait pleurer, parce qu'elle ouure les conduits, & que le

O

sang & les esprits font sortir l'eau qui est dans les Yeux, pour les rendre plus mobiles.

On peut donc iuger que la ioye est aussi vtile à l'Homme, que la Tristesse luy est nuisible : Que l'vne est conforme à sa nature, & que l'autre luy est contraire. La plufpart soûtiennent aussi que la derniere est beaucoup plus forte ; parce que la ioye est vne Passion humide & chaude, & que la Tristesse en est vne froide & seche : Que la ioye soûlage l'estre, & que l'autre le met en danger : Que l'vne se repose dans son obiet, & que l'autre redouble & s'augméte à la rencontre de ce mal. La Tristesse en effet laisse apres elle de plus violentes & de plus sensibles impressions que la ioye. Salomon dit bien que le visage est embelli par la ioye & qu'elle sert de Medecine: Mais quand il parle de la Tristesse, il dit qu'elle desseche les Os : Qu'elle abat le cœur de l'homme. Et l'experience ne prouue que trop, que les Passions qui flattent l'esprit, ne sont iamais si fortes que celles qui l'abattent, ou qui le réuersent ; & que ce qui chatouille le cœur, ne luy peut estre si sensible, que ce qui le déchire & le ronge. L'effet de la ioye que Salomon appelle vne Medecine, ne sçauroit donc estre si violent que celuy de la Tristesse dont il a fait vn poison : Et comme le Mal nous émeut plus fort que le Bien, il ne faut point douter que la Ioye ne soit moins puissante que la Tristesse. Cette derniere vient de la perte que nous auons faitte d'vne chose dont la possession nous contentoit: De la necessité où nous sommes de renoncer à ce que nous recherchions : De la longueur du temps que nous employons à la poursuite de quelque Bien: Du souuenir de nos fautes, ou de l'agitation de l'humeur melancolique. La troisiéme cause de la Tristesse n'a point besoing de remede, parce qu'elle est iuste; & la derniere peut estre ou chassée ou preuenuë par les obiects agreables, par les compagnies, ou par l'exercice.

Pour les deux premieres on ne peut se fortifier contre elle, que par le raisonnement, & ce raisonnement est appuyé des preceptes generaux de la Philosophie Morale, & Chrestienne; ou tiré de l'experience commune. Ceux qui ont perdu leurs richesses, doiuent songer que la pauureté n'est plus pauureté, quand elle est contente; & que celuy qui a peu de chose, est moins à plaindre que celuy qui en souhaitte tousiours quelqu'vne. Si la mort d'vn parent, ou d'vn amy, semble porter vostre tristesse au delà des bornes qui luy sont prescrittes, ou si la vostre mesme vous fait trembler, souuenez-vous que nous n'entrons au monde qu'à condition d'en sortir: Qu'il est du droit des gens de rendre ce que l'on a pris: Qu'il y a de la folie

MORAL, III. PARTIE. 215
à s'affliger de ce qui eſt ineuitable, & que nous commençons à mourir, dés le moment que nous commençons à viure. Si vous mourez dans le banniſſemét, ou dans le voyage; le Ciel n'eſt pas plus éloigné du lieu où l'on vous contraint d'aller, que de celuy de voſtre naiſſance: Ce n'eſt pas meſme vn exil, puis que toute la Terre eſt du Domaine de l'homme. Il eſt dangereux encore de ceder à la Triſteſſe de quelque coſté qu'elle vienne; parce qu'elle rend fâcheux les obiets les plus agreables, & que par elle nous deuenons
O iiij

enfin stupides, comme cette Niobé de la Fable, qui fut metamorphosée en pierre. Elle estoit honteuse chez les Thraces qui habilloient en femmes ceux qui estoient en Dueil; & peu de personnes ont le priuilege de Panthée qui pleuroit de bonne grace. La Tristesse n'est pourtant pas tousiours condannable: Elle a des causes legitimes; & peut-estre mesme quelquesfois de fort bon exemple. Il y a vn temps de rire; & vn autre de pleurer, selon le Sage: mais c'est ne point garder de milieu entre des extremitez également vitieuses, que de pleurer tousiours comme Heraclite: Que de ne rire iamais, non plus que Crassus, & Caton; ou de commencer mesme à rire en venant au monde, comme Zoroastre.

CHAPITRE V.

De l'Esperance & du Desespoir.

DE toutes les Passions de l'ame, celle-cy en est la plus commune: & quoy qu'on pust faire, il ne seroit pas plus aisé de la perdre, que de s'oublier soy-mesme. Il y a des Passions qui ressemblent en quelque sorte à cette fameuse Courtisanne qui ne se prostituoit qu'à des Princes & à des Grands : Elles ne demandent que des Temperaments vigoureux & nobles. Mais l'Esperance suit tous les Temperaments, & toutes les dispositions : Elle prend racine dans les endroits les plus froids & les plus secs, aussi bien que dans les plus chauds & les plus humides. Thales dit dans ses Sétences dorées, que Dieu est la plus ancienne de toutes les choses, parce qu'il n'est point engendré: Que la plus grande, en est le Lieu, parce qu'il les contient toutes. Que l'Ame en est la plus agissante, & la plus pronte, parce qu'elle est tousiours en action, & qu'elle se porte par tout: Que le monde en est la plus belle, parce qu'il est l'ouurage de Dieu: Que la plus forte en est la Necessité, parce qu'il n'est rien qu'elle ne surmonte. Que la plus ingenieuse en est le temps qui découure tout, & que la plus commune en est l'Esperace, parce qu'elle reste à ceux là mesme qui ont tout perdu.

Elle accompagne les mal-heureux dans les precipices & dans les deserts : Elle court auec les vaillants dans les assauts, & dans les batailles. Elle entre auec les criminels dans les prisons les plus étroittes & les plus obscures, & les suit iusques dans le brazier, & sur la rouë. Elle ne connoist point de party qu'elle ne prenne : Et nous lisons que de toutes les sœurs qu'elle auoit, qui prirét leur vol dãs le Ciel, pour ne retourner iamais sur la Terre, selon Theognide, il n'y eut qu'elle qui daignast demeurer auec les hommes. Ciceron dit que Colatin luy fit éleuer vne Statuë qui fut confumée d'vn coup de foudre, quelque téps apres, au rapport de Tite-Liue: Et quoy que cet accident deuft eftre de mauuais prefage, il ne laiffa pas de luy confacrer vn nouueau Temple, comme s'il n'euft pas efté au pouuoir du Ciel de la luy ofter. Penfes-tu, difoit vn Grec à celuy qui le plaignoit dans fes difgraces, & qui donnoit des larmes à fon mal-heur, penfes-tu que ie fois digne de tes plaintes & de tes larmes? Aprens qu'on n'a rien ofté à vn homme, à qui l'efperance eft restée. Ces Philosophes qu'on appelloit Elpisticques, disoiët que la Vie de l'homme n'estoit point mieux soutenuë que par l'Esperance. Philon Iuif asseure qu'elle est l'Aliment de la Vertu : Platon dit qu'elle est le songe de ceux qui veillent ; Et c'est proprement vne Emotion de l'ame qui vient de la connoissance du Bien absent enuironné de difficultez qu'on croit pouuoir surmonter.

Le Desespoir est vne emotiõ de l'ame qui vient de la connoissance d'vn Bien accompagné de difficultez qu'on iuge inuincibles ; De sorte qu'il a diuersement pour obiet le Bien & le Mal ; le Bien, quand il nous est impossible de l'obtenir pour les Difficultez inuincibles qui l'accompagnent, & le Mal, quand il nous est impossible de l'euiter.

Par la premiere definition, on peut voir que l'Esperance ne regarde pas seulement les choses bonnes. Que ce n'est pas assez qu'elles luy paroissent difficiles ; Mais qu'il faut encore qu'elles ayent quelque rapport auec nos forces ; parce que ce n'est pas seulement vn defaut d'esprit de s'opiniastrer à l'impossible, comme dit Bias, mais vne dangereuse maladie.

Il y a deux impossibilitez dont l'vne est fondée sur l'Impuissance de la Nature, pareille à celle de raieunir la Vieillesse, comme Medée : De prendre le Ciel par Escalades, comme les Titans : De voler auec des aisles de Cire, comme Icare, & de s'attendre à des succez dont la Fable seule fournit des exemples. La seconde est reglée sur l'Impuissance Morale qui est soumise à plusieurs degrez, puis qu'il est vray que Thersite le plus lasche de tous les personnages d'Homere, ne pouuoit faire ce
qu'ont

qu'ont fait Aiax, Hector, & Achille, & qu'il y a des choses impossibles à l'vn, qui ne le sont pas à l'autre.

On espere par quatre causes; par les Richesses, pource que ceux qui en ont, trouuent des amis, & qu'on peut tout, quand on est riche. On espere par l'experience qui fait croire aisé à quelques-vns ce qui paroist impossible aux autres. Hé quoy, disoit Hannibal à celuy qui le vouloit dissuader de quelque entreprise, parce que les entrailles de l'Hostie qu'il immoloit ne luy presageoient rien que de triste; Aimes-tu mieux t'en rapporter à vne chair morte, qu'à l'experience d'vn Capitaine qui est deuenu vieux dans les cõbats, & dãs les victoires? On espere par le courage, parce que c'est le propre du courageux de soutenir tout ce qui l'attaque; de courir aux choses difficiles & perilleuses, & qu'il croit que rien n'est capable de luy resister. On espere enfin par la Ieunesse, parce qu'elle est remplie de chaleur: Qu'elle se dit à soy-mesme, ce que Iulie disoit à Caracalla: tu le peux si tu le veux, & qu'il n'est point d'obstacle qui l'effarouche ny qui la rebutte.

Chapitre VI.

De la Hardieſſe, & de la Crainte.

ON reconnoiſt cette Paſſion à ſa poſture, comme on reconnoiſſoit les Galiléens à leur langage. Elle eſt touſiours en eſtat de porter ou de ſoûtenir quelque coup : & ſa démarche n'eſt iamais lente, mais precipitée. Elle ne ſe repreſente le Mal que comme vn ennemy qu'elle doit combattre, & l'eſperance qui eſt ſa plus fidelle compagne, ne l'entretient que de la Victoire. On la definit vne Passion par laquelle l'Ame est resoluë d'attendre & de surmonter les difficultez qui se rencontrent dans vne gráde entreprise, ou bien vn sentiment qui nous vient de la connoissance d'vn Mal absent & difficile, que nous croyons pouuoir surmonter. On a dit que ceux qui auoient le cœur le plus petit, estoient ordinairemét les plus hardis ; parce que la chaleur y estoit plus forte, & qu'elle y estoit moins étenduë ; com-les vents ne sont iamais plus impetueux, que quãd ils font plus renfermez. C'est ainsi qu'on a trouué des hommes qui auoient le cœur velu par la chaleur excessiue qui en faisoit sortir des vapeurs qu'elle épaississoit, & qu'elle conuertissoit apres en Poil, tel qu'estoit celuy d'Hermogene le Rheteur; d'Aristomene Messinien; de Leonidas de Sparte; de Mathias Coruin, & de ce Pyrate qui fut écorché tout vif par les Venitiens, à Gradisque. Beniuenius raconte la mesme chose d'vn Voleur dont il fit l'Anatomie: Amat Portugais parle d'vn autre dont il fit la dissection à Ferrare : Muret rapporte le mesme exemple d'vn Larron insigne qui eut la teste tranchée à Venize, & i'ay leu que ce prodige s'estoit mesme veu dans vn des Chiens d'Alexandre.

Pour la Crainte, elle peut estre appellée vne Emotion de l'ame qui vient d'vn Mal prochain qui menace de la Mort, ou de quelque autre mal-heur qu'il est difficile d'éuiter. Cette Définition comprend tout ensemble la Crainte Naturelle par laquelle nous aprehendons la destruction de nostre Estre ; & celle qui n'est pas naturelle qui est seulement dans l'imagination. Aristote dit que la Crainte vient de l'imagination d'vn Mal à venir qui nous afflige ; car s'il estoit present, ce ne seroit plus Crainte, mais Tristesse : & c'est pour cela mesme qu'elle a toufiours auec elle quelque esperance qui la soûtient, & qui la distingue de la Tristesse, & du Desespoir. Elle est differente de la Lacheté, parce que plusieurs qui craignent le Mal, sont hardis à le combattre, & que la Crainte & la Hardiesse ne sont pas incompatibles : ce qu'on ne peut dire

Le Philosophe de la Lâcheté; Mais pour nous accommoder à l'vsage, ie parle icy de la Crainte, comme si elle estoit opposée à la Hardiesse, quoy qu'à parler comme il faut, elle doiue estre appellée Peur, ou Espouuante.

Les effets de cette crainte sont merueilleusement representez en plusieurs endroits de l'Escriture ; mais sur tous les autres, en celuy où Ezaye apres auoir declaré aux Babyloniens, l'arriuée des Medes & des Perses qui deuoient prendre leur Ville, dit que leurs Mains seront affoiblies, & que leurs visages seront en feu:

Cette derniere expreſſion eſt forte & myſterieuſe, pour dire que la Chaleur Naturelle ſe retire ordinairement du dehors, au Cœur pour le raſſeurer côtre le Mal, & que la Palleur, en eſt vne des plus grandes marques: Mais que leurs Viſages feront enflammez, pour montrer que leur Cœur ſera dépourueu de cette Chaleur naturelle par laquelle le Cœur eſt fortifié.

On voit que la Crainte attire du dehors au dedans, le Sang, les Eſprits & la Chaleur: Que le Viſage pallit; Que les extremitez en deuiennent froides: Que la Voix en est interrompuë : Que le cœur en tremble à cause de la quantité du sang & des esprits qui le saisissent auec vne vistesse incroyable, & qui l'agitent à leur arriuée. Cette Passion est si froide, qu'elle a fait blanchir de ieunes-gens dans vne nuict, comme celuy qui fut condáné à la Mort pour auoir commis vn Adultere dans le Palais de Charles-Quint, & qui le lendemain fut trouué blanc dans la prison. L'Histoire est bien plus étrange de celuy qui blanchit en si peu de temps, en defairant des Esperuiers, pour auoir senty que la Corde qui le soutenoit, s'alloit rompre. Il est vray-semblable que ce changement ne venoit que de la Crainte qui ne pouuoit causer ce pront changement que par sa froideur excessiue, puisque le propre du Froid est de blanchir. Aussi voyons-nous que les cheueux ont accoustumé de blanchir par la froideur de l'age, & la Toile & la Cire par la froideur de la Nuict. L'experiéce prouue encore que ceux qui sont dans les païs froids, sont blancs; Que la plus-part des Animaux blanchissent l'Hyuer dans le

Nord: Que les choses les plus froides sont ordinairement les plus blanches, comme la Gelée, la Neige, les Frimats, & les autres Meteores, & que les plus froides parties du Corps, ont cette mesme couleur, comme la graisse, le Cerueau, les Os, & les Cartilages. Cecy peut-estre confirmé par les effets de la Crainte; puis que la voix n'est interrompuë & foible, que parce que les parties où elle se forme, sont abandonnées de la Chaleur qui est necessaire à leur Action: Que les Cheueux ne se herissent que par la froideur qui en gele les conduits; & que les Pieds & les Mains ne tremblent, que par le defaut de la Chaleur qui les soutient, & par laquelle leur mouuement est rendu plus libre.

Quand cette Chaleur commence à descendre, elle cause quelquesfois vn Flux de Seméce, parce que les parties du Corps deuiennent tiedes à mesure que les autres deuiennent froides; & qu'outre leur chaleur particuliere, elles reçoiuent encore celle qui leur est enuoyée d'ailleurs, selon Aristote. Elle traisne aussi vn déuoyement du ventre apres elle, parce que les parties basses deuiennent humides par le sang qui s'est retiré des plus hautes : Et c'est ainsi qu'on lit sur la fin du Liure de Iob, où il parle de la Crainte que Leuiathan donne aux hommes, Que les forts tremblent, & se purgent, quand il s'éleue.

Cette Crainte méle souuent toutes les Images, & trouble l'homme iusques à ne luy laisser ny la liberté de l'Esprit, ny le choix du Bien. La Raison est que l'Imagination, selon quelques-vns, a besoin de quelque lumiere dans le Cerueau, pour découurir les

Images, comme les Yeux en ont besoin pour voir les Couleurs & les figures : Et comme cette Clarté vient absolument des Esprits que la Crainte resserre au Cœur, ils laissent le Cerueau dans vne obscurité fort grande ; & l'Imagination est morte, s'il faut ainsi parler, par la froideur de cette Crainte qui luy est contraire. Cette crainte est mortelle, quand elle est extreme, parce qu'elle porte le sang & les esprits au Cœur auec tant d'impetuosité, que la Chaleur naturelle en est étouffée.

Le premier Remede contre

la Crainte, est de considerer le Mal à venir en luy mesme, pour n'en estre point effrayé, parce qu'il ne nous épouuante ordinairement que quand sa nature nous est inconnuë; & que sa nouueauté n'agit pas autrement en nous qu'en Moyse qui manioit sa Verge sans peur, quand elle estoit comme verge; mais qui ne l'eut pas plutost veüe changée en serpent, qu'il s'enfuit d'elle. Le second Remede est de se deffaire, autant qu'on peut, de l'opinion qui est bien souuent la mere de cette crainte, & de s'asseurer peu à peu contre

tre le Mal, comme l'Aigle fortifie ses yeux au Soleil par accoustumance. En effet il y a plus de Maux dans l'Opinion que dans la Nature : Et comme les Broüillats nous font paroistre les choses plus grandes qu'elles ne sont, ces Nuages qui se mettent deuant la Raison, grossissent tous les objets, ou les multiplient. Outre cette incommodité deplorable, elle en porte encore vne autre qui n'est pas moins grande ; c'est qu'elle nous rend sensibles au Mal par auance ; & qu'elle se sert bien souuent de nostre foiblesse, pour nous épouuanter par vn simple Masque, ou par l'ombre de quelque Grotesque. Le dernier Remede est de s'asseurer en Dieu, parce que la Verité nous aprend que le Cœur des méchants tremble tousiours, & qu'ils craignent, où il n'y a point de suiet de Crainte. Cette asseurāce est accompagnée d'vne Crainte noble & religieuse; & c'est d'elle qu'il est dit, qu'il y a vn repos asseuré dans la Crainte du Seigneur, & qu'elle est le commencement de la Sagesse.

CHAPITRE VII.

De la Colere.

CE qu'on remarque de Gedeon, dans le sixiéme liure des Iuges, Qu'il estoit le plus petit de la maison, ne peut pas estre dit de la Colere à l'égard des autres Passions de l'homme. Elle est plus aueugle que l'Amour, plus vigoureuse que la hardiesse; & si nous en croyons Plutarque, elle est vn melange de toutes les Passions de l'Ame: Si les

Stoïciens ne leur ont point fait de tort, quand ils les ont appellées des Maladies; & si chaque maladie a son Demon, selon les Gnostiques, il faut que la Colere en ait vn bien opiniastre, puis qu'elle a composé quelquesfois vn brasier épouuentable de tant de Villes; des deserts de tant de prouinces, & qu'elle a fait de la pl⁹ grande partie des Rebelles, des Traistres, des Sacrileges, & des Parricides. Par elle le mari n'a point craint d'égorger sa femme: Par elle le Suiet est deuenu le meurtrier du Souuerain, & le Fils le boureau du Pere. Quelque grand que soit vn vice, il affecte des climats, ou des personnes: La Mollesse est attachée à certaines nations: L'Oisiueté ne plaist pas à tous les peuples La Gourmandise n'est pas de tous les païs: L'Incontinence est detestée en quelques endroits, & l'Enuie n'est pas dás tous les quartiers d'vn Royaume. Mais la Colere a pris racine par tout, dit Seneque. Il n'est point de lieu qui n'en porte quelque triste marque; point d'homme qui n'en ressente la tyrannie. Elle est aussitost formée que conceuë: El-

LE PHILOSOPHE
le est grande & prodigieuse désnaissance, & si nous en croyons vn Philosophe, on ne la sent point, quand elle s'engendre ; mais quand elle est engendrée, tant elle est soudaine. Il est de celuy qui est frappé de cette rage, comme de ces ruines qui se rompent sur ce qu'elles enfoncent, dit Séneque. Il ne se soucie point d'abandonner sa vie, pour nuire à celle d'autruy. S'il ne rencontre personne qui serue d'obiet à sa fureur, il tourne ses armes contre luy mesme, & ne fait pas moins que le feu qui se consume,

quand il ne trouue plus rien à consumer. Il s'en prend mesme à ce qui est insensible, comme les enfans qui frappēt le bois ou la pierre où ils se sōt heurtez, & n'est pas moins ridicule quelquefois que ce Roy des Perses qui arresta lōg-temps son armée autour de la Riuiere de Gnide, pour se vanger de la peur qu'elle luy auoit faitte; que cet autre qui écriuit vn Cartel au mont A-thos, pour le deffier, & qui fit foüetter la Mer pour cette raison là mesme. Cette Passion, (si la Passion peut estre où l'Ame n'est plus) éclate quelquefois dans les Morts, en presence de leurs meurtriers par le sentiment qui est dans toutes les choses ; comme certains Philosophes l'asseurét: Et elle ne demeure dãs ces corps que pour sentir leurs ennemis, aupres d'eux, qui sõt secouëz par le tremblemét & par la colere qui leur remuent le sang dans les veines, & le font sortir par l'ouuerture de leurs playes.

Certainement on peut dire de l'iniure que la personne a receuë, ce qu'vn Orateur disoit des loix de ce Dracon, qu'elles estoient écrittes auec du sang pluftost qu'auec de l'ancre, ou ce que dit Ieremie du peché des Iuifs, Qu'il eſtoit graué auec vn ongle de diamant, & auec vn burin de fer. Elle a la qualité de cette pierre que les Naturaliſtes nóment Aſbeſte, qu'on ne ſçauroit preſque éteindre quãd elle eſt vne fois allumée. Et la reſiſtance qu'on luy fait, eſt ſi peu vtile, ſelon Heraclite, que nous ne ſçaurions nous mettre en eſtat de la combattre, qu'il ne nous en couſte la vie. Ariſtote veut qu'on s'en ſerue comme d'vn ſoldat, & non pas comme d'vn Capitaine, pour dire qu'il ne faut pas qu'elle cõmande, mais qu'elle obeiſſe, & la rend ſi neceſſaire quelquesfois, qu'il l'appelle vne pierre où s'aiguiſent toutes les vertus. Mais Seneque prouue qu'il y auroit de la honte & du danger de mettre ainſi la vertu dans la protection du vice; de vouloir tirer du ſecours & de la gloire d'vne Paſſion qui defigure le viſage, qui rend la veüe égarée, le poil heriſſé, les mains tremblantes, les pieds chancellants, la voix aiguë & terrible, les veines enflées, qui les rompt meſme & qui les dechire, pour en ſortir auec le ſang qu'elle fait bouillir, & qui met le corps & l'ame en desordre. Platon dit aussi que la Colere n'est pas naturelle à l'Homme, parce que l'iniure n'offence iamais le Sage; & les Stoïciens asseurent qu'elle est vn mal en elle mesme, puis qu'il est de la nature du Bien de se perfectionner en croissant, & que la Colere deuient nuisible à mesure qu'elle s'augmente. La vengeance luy est si naturelle qu'Anaxagore n'a point craint de dire que ceux qui pardonnoiét, ne laissoient pas de se vanger, parce que le mépris de l'iniure qu'ils ont receuë, ou la satisfaction qui leur est faitte, tient lieu de peine : Et pour parler auec vn Pape, celuy qui peut vser de moderation dás cet estat, se peut vanter d'estre Martyr.

La moindre Colere n'est iamais sans cruauté, comme les plus petites estoiles ne sont iamais sans leur influence. Elle fait souuent vn crime d'vne bagatelle ; & s'arme pour les choses les plus basses & les plus legeres. Auguste, selon Tacite, fit pendre vn esclaue au mast d'vn Nauire, pour auoir mangé vne Caille; & Vedius Pollion commanda qu'on en iettast vn autre dans vn Estang où il engraissoit des Lamproyes de sang humain, parce qu'il auoit cassé vn verre. Les Romains, du temps de Drusus, s'opiniastrerent à vne guerre si cruelle pour des Cuirs de bœuf, que neuf cens Romains entre autres, y demeurerent sur la place. Le Duc de Bourgogne & les Suisses n'en firent pas moins pour vn Chariot de peaux de Mouton. Les Ætoliens & les Arcadiens se porterent à la mesme extremité pour vne Hure de sanglier, & la Colere de ceux de Bisaque & de Cartage, ne fut signalée que pour le Fuſt d'vn Brigantin.

Quelques-vns ont dit que la Colere eſtoit vne Fureur de peu de durée; d'autres, vn Deſir de vengeance, & les Philoſophes la definiſſent vne Paſſion qui vient de la connoiſſance du Mal dont on croit pouuoir ſe vanger; ou bien, vne paſſion de pourſuiure la vengeance du Mal qu'on croit auoir receu iniuſtement tant en ſa perſonne, qu'en la perſonne qu'on aime.

La continuation du courroux, ſelon Plutarque, ou l'Habitude de ſe courroucer, en engendre vne dans l'ame qu'on nomme Colere: celle-cy deuient Ire auec le temps, & peut estre comptée au rāg des maux incurables. La Colere est distinguée du Courroux, selon Seneque, comme celuy qui est yure d'auec celuy qui est yurongne: de sorte que celuy qui est en colere, peut bien n'estre pas suiet au Courroux, & que celuy qui est en Couroux peut bien n'estre pas aussi en Colere. Aristote dit que la premiere espece de Colere, est l'Ire; Et que la Fureur en est la seconde, & la Manie la troisiéme. La premiere est ordinaire à ceux qui ont le temperament chaud & sec, & qui s'échauffent pour peu qu'on les touche. Celle-cy est vn feu de paille qui s'éteint aussi aisément qu'il s'allume, & qui n'a qu'vn moment pour sa durée. La seconde est ordinaire aux Melancoliques qui ne s'échauffent pas aisément ; mais qui conseruent long-temps leur Chaleur, quand elle a commencé vne fois à paroistre. La troisiéme est la plus durable, & la vengeance est la seule chose qui la satisfait, & qui l'appaise.

La Honte peut estre appellée

lée, vne emotion qui naiſt de la crainte des maux qui peuuent nous apporter quelque infamie. C'eſt elle qui porte le feu ſur noſtre viſage, quand on nous reproche noſtre faute : Quand on nous corrige de nos defauts : Quand on nous outrage auec iniuſtice : Quand on adioute la raillerie à noſtre mauuaiſe fortune : Quand la modeſtie des perſonnes qui nous entretiennent, ne s'accorde pas à noſtre naiſſance, ny meſme à noſtre vertu. Les Oreilles rougiſſent en ceux qui ont quelque honte, & les yeux s'enflamment

R

en ceux qui sont en Colere. La raison est que comme les yeux ont accoustumé de se refroidir dans la crainte, il faut aussi qu'ils se refroidissent dans la Honte qui est vne espece de crainte, & que la chaleur passe alors dans la partie qui est derriere, & qui leur est ou voisine ou opposée; au lieu que la Colere enuoye la chaleur & le secours dans les yeux qui sont les plus suiets à se mouuoir, & à se troubler.

L'Emulation est vn sentiment qui vient de la tristesse qu'on a de ne posseder pas les perfections des autres, & de l'esperance de les posseder.

La Compassion est vn sentiment de l'Ame qui fait naistre en nous le Mal de celuy que nous iugeons digne d'vne meilleure fortune. L'Indignation qui la suit, est vne Tristesse & vn deplaisir que nous auons du Bien qui arriue à des personnes qui en sõt indignes. Dans cette derniere il y a de la tristesse & de la colere ; & dans l'autre, de la tristesse pour les maux d'autruy & de la crainte en nous mesmes que nous ne tombions dans ces maux là mesmes. Celle-là est familiere & commune aux personnes à qui les aduersitez sont cônuës, comme aux sçauants & aux vieillards à qui la science ou l'aage ont apris beaucoup de choses. Pour auoir compassion du Mal, il faut donc craindre qu'il ne nous arriue, selon Aristote, ou à quelqu'vn de nos parents, de nos alliez, ou de nos amis, & qu'vn pareil accident ne s'oppose à la tranquilité de leur vie & de la nostre. C'est pour cette raison que le mesme Philosophe adioute que les personnes qui s'estiment tres heureuses, n'ont point de compassion, pour estre au dessus du Mal qui persecute les autres, & que les plus miserables n'y sont plus sensibles dans la creance qu'ils ont qu'ils ne sçauroient souffrir plus de misere qu'ils en souffrent. Mais ceux qui se sōt échappez de quelque malheur le regardent en autruy auec compassion dans la crainte qu'ils ont d'y retomber: & l'on n'en trouue point qui ne se rendent à la pitié, horsmis ceux qui sont dans les boüillons de la vaillance, de la Hardiesse & de la Colere, ou dans les saisissemens de la crainte, parce que les vns ne regardent point alors l'auenir, que les autres se persuadent que c'est meriter le Mal que de ne leur pas ressébler; ou parce qu'ils sont tellement occupez à leur Mal qu'ils ne peuuent pas reflechir sur celuy des autres. La compassion est excitée par les choses qui causent la mort, comme les coups, la douleur, les maladies & la vieillesse, & par la mort mesme: & par celles qui sont tristes; comme la perte des amis, la pauureté, & les incommoditez naturelles. Elle vient mesme du Bien qui est fait hors de saison, comme celuy qui fut enuoyé à ce Diophite, dont parle Ariſtote, & dont il ne put auoir ny la veuë ny la iouiſſance, parce qu'il eſtoit mort quand vn Roy le luy enuoya pour le tirer de la miſere. L'Indignation ne regarde proprement que les Biens de la Fortune, & n'eſt iamais plus forte, que quand nous voyons que l'ordre des choſes eſt renuerſé, ou détruit par l'ignorance & par le caprice: Que les plus lâches obtiennent ce qui eſt refuſé aux plus genereux: Que le vice triomphe où la vertu eſt en ſeruitude. Cette Paſſion n'eſt pas touſiours condamnée : Au contraire elle eſt d'autant plus belle & plus iuste, qu'elle n'a point d'autre principe que le Bien, & la vertu qui la font agir.

L'Enuie est vne Emotion de l'Ame qui vient de la tristesse qu'on a du Bien que les autres partagent auec nous, ou du desespoir de posseder celuy qu'ils possedent. Elle se forme de la prosperité qui arriue à ceux qui nous sont égaux ou pareils, sans autre esperance d'en tirer du fruict, & sans autre cause apparente qu'vne humeur noire & maligne qui ne peut souffrir la gloire d'autruy. Elle est differente de l'Indignation, parce que celle-cy regarde le Bien dans vne personne qui en est indigne, & l'Enuie le regarde dans celuy qui ne le merite pas, & qui le merite. Salomon dit que le Cœur doux est la vie de la Chair; & l'Enuie, la pourriture des Os; & la Fable ne luy dône que les Furies pour tout appareil & pour toute suitte. Elle ne s'arreste pas aux Biens solides, c'est à dire aux Biens de l'Ame; Elle en regarde seulement la gloire, & pendant qu'elle neglige la Vertu, elle court comme vne enragée, apres son ombre. Le cœur de l'Enuieux est dechiré d'vn Vantour comme celuy de Promethée, & comme Sisiphe il trouue son chastiment dans son exercice. Rien ne luy peut reüssir parce que le Bien qui ne luy arriue pas, le desespere : Et comme il se nourrit du Mal d'autruy, il s'empoisonne de sa nourriture. Mais apres auoir parlé des Passions, il faut parler, comme ie l'ay promis, des Habitudes, & des Actions humaines.

LE PHILOSOPHE MORAL.
QVATRIESME PARTIE.

CHAPITRE PREMIER.

Des Habitudes en General.

ENTRE les Habitudes il y en a qui sont Infuses, & qui ne viennent ny de nos trauaux, ny de nos forces, comme la Foy, l'Esperance, & la Charité; Et d'autres qui sont les ouurages de nostre industrie & de nostre peine, parce qu'elles sont acquises. Entre celles-cy quelques vnes regardent le Corps, comme l'Habitude de dancer, de peindre, ou d'écrire : Et d'autres qui sont dans les Puissances de l'Ame Raisonnable, comme celles de l'Entendement & de la Volonté. Le Vray, le Faux, l'Opinion, qui est comme vn milieu entre l'vn & l'autre, dependent de l'Entendement, & l'Habitude du Vray contient l'Intelligence, la Sagesse, la Science, la Prudence & l'Art. Ces Habitudes sont nommées Vertus Intellectuelles. Entre les Habitudes de la volonté, il y en a de bonnes & de mauuaises, parce qu'il y a de bonnes & de mauuaises Actions : Les bonnes sont appellées vertus Morales; & les mauuaises, sont appellées vices. Il y a donc cette difference entre les vertus Intellectuelles, & les Morales, que les premieres ne regardent que la verité : Que les Vertus Morales s'occupent apres les Passions & les Actions : Que nous sommes sçauants par les vnes, & bons par les autres.

L'Habitude vient des Actions, & c'est par elles seulement qu'elle est acquise, puis que l'Habitude est vne facilité à l'Action, & que cette facilité ne peut venir que des Actions souuent reprises & recommencées. Si on oppose que les Actions ne sont que les Conditions des Habitudes, & non pas les Causes : Qu'Aristote enseigne au septiéme Liure de la Physique, Qu'il n'y a point d'alteration ny de changement dans l'Habitude ; qu'elle ne peut donc estre produitte par l'Action ; On doit répondre que les Habitudes ne se conserueroient iamais sans les

Actions, si celles-cy n'estoient que de pures & de simples dispositions aux autres; comme il est impossible qu'vne Forme soit en Estre, sans les dispositions qui luy peuuent estre necessaires; & que les Habitudes ne laissent pas de demeurer en ceux qui dorment. Pour le second point, on peut voir qu'Aristote ne parle point du Mouuement interieur par lequel vne chose est produitte; mais de l'alteration sensible, comme de celle qui se trouue dans la Production de la Chaleur.

Les habitudes qui sont au dedans, ne sont point acquises

par les actions de dehors; comme on ne possede pas la vaillance pour aller souuent dans le peril ; mais par les actions de mesme nature, c'est à dire par vne resolution ferme & vigoureuse de mépriser le peril qui s'oppose ordinairement à l'execution des grandes choses. Autrement, tous les hommes qui font des actions au dehors, pourroient acquerir des Habitudes au dedans: ce qui n'est pas veritable, puis que plusieurs ne laissent pas de s'exposer au peril, quoy qu'ils s'en plaignent, ce qui est contre la nature de la Vaillance: Et l'on peut

peut auoir les Habitudes de la Logique, comme de definir & de diuiser, quoy qu'elles ne passent point au dehors, & qu'on ne se serue point de la parole.

Si l'Habitude comprend la disposition, & si on la considere dans toute son étenduë, vne seule action peut suffir à la former, puis qu'il n'en faut qu'vne pour faire acquerir à la puissance, quelque disposition, & que cette disposition n'est pas pluftoft acquise que l'Habitude s'en forme. Mais si l'Habitude est prise pour vne chose qui est arrestée

& ferme dans vn suiet. & pour vne facilité d'agir en ce suiet mesme, vne seule action n'est pas capable de l'engendrer, parce qu'elle n'est pas capable de l'affermir : Et comme l'hirondelle ne fait pas le printemps, vne action, dit Aristote, ne fait pas aussi l'habitude.

L'habitude est vne qualité iointe à la puissance naturelle pour la faire agir plus aisément : Et si l'on demande quelle est la plus noble, ou d'elle, ou de l'action, il est certain qu'elles ont toutes deux diuersemét de quoy pre-

MORAL, IV. PARTIE. 275
tendre à cet aduantage. L'Action est quelquesfois plus noble que l'Habitude, puis que l'Habitude regarde l'action comme sa fin : Or c'est vne Maxime receuë, que l'action est pour sa fin, & que la fin est plus noble que les moyens qui nous y conduisent. On peut dire aussi que l'action est ce qui fait l'habitude, & que l'effet n'est pas si noble que sa cause. Il est vray pourtant que cette Maxime n'est receuë qu'à l'égard des causes principales, dont les effets sont de mesme nature qu'elles, cóme de l'homme qui engendre, à

S ij

l'égard de l'homme qui est engendré; mais non pas à l'égard des causes qui tiennent lieu d'instruments, comme du pinceau à l'égard du portrait ny à l'égard des causes dont la nature est diuerse de celle de leurs effects, comme du Soleil à l'égard de la mousche, parce que le portrait est plus noble que le pinceau, & la mousche plus parfaitte que le Soleil, si on les compare par leur essence. Comme l'action n'est donc qu'vne cause d'instrument, & que ses effets ne sont pas de sa nature, parce que l'ame en est la premiere

& la principale cauſe, elle peut eſtre moins noble que l'habitude, quand celle-cy n'auroit ſur l'autre que l'aduantage d'eſtre plus durable.

CHAPITRE II.

De l'Intelligence.

Comme on connoiſt les choſes ſimples auant que de connoiſtre les compoſées, & que les principes vont deuát leurs concluſions; entre les vertus de l'Entendement, on a mis l'Intelligence la premiere en ordre, parce qu'elle est vne Habitude des principes.

Le principe est pris bien souuent pour la cause de quelque chose, & sur tout pour celle de toutes les choses qui n'a ny commencement ny fin, comme Dieu, pour le commencement d'vne quantité, ou d'vne action, comme on dit que le poinct est le principe de la ligne ; & le premier pas, le principe de la promenade ou de la course : Pour ce qui n'est point fait de soy, ny d'vn autre, mais dont toutes les choses sont faittes, comme les Principes de Physique, qu'on appelle Principes d'Eſtre. Il y en a d'autres qu'on nomme Principes de connoiſſance, qui ſont ou premiers qui prouuent tout, & ne ſçauroient eſtre prouuez ; comme de deux contradictoires l'vn eſt vray & l'autre faux ; ou ſeconds, & ſont les principes des Sciences, parce qu'ils les prouuent ; & ſont nommez ſeconds, parce qu'ils ſont prouuez par les premiers. Nous ne parlons que de celuy qui eſt vniuerſel, comme vne choſe eſt, ou n'eſt pas ; Vn tout eſt plus grand que ſa partie. Ces principes reſſemblent à la lumiere, qui decouure toutes choses, & qui n'est veuë que par elle mesme. Aussi l'habitude des principes n'est-elle nommée Intelligence, que parce qu'elle nous fait connoistre les choses sans raisonner, & qu'elle nous approche par là des Intelligences.

Aristote dit que l'Intelligence est vne connoissance des principes qui ne peuuent estre prouuez, & Platon l'appelle vne verité. Les principes doiuent donc estre veritables, parce que le faux n'est point : Que ce qui n'est point, ne peut estre causé de ce qui est, & qu'vn faux principe par conséquent, ne peut estre la cause d'vne demonstration. Il faut encore qu'ils soient premiers, par ce que ie viens de supposer, c'est à dire, qu'ils ne puissent estre prouuez par d'autres ; Qu'ils soient sans milieu, i'entends qu'ils soient si bien liez auec l'attribut, qu'il n'y ait rien entre eux qui les puisse lier plus étroittement; Qu'ils soient les Causes de la Conclusion, mais Causes necessaires de cette Verité : Que par cette raison, ils soient premiers, & qu'il n'y ait point de plus haute connoissance.

CHAPITRE III.

De la Sageſſe.

ON n'entend icy par ce mot de Sageſſe, qu'vne Habitude par laquelle on prouue les principes des Sciences par le moyen du premier Principe, ou bien, vne connoiſſance des choſes ſimples & vniuerſelles; comme la Metaphyſique. Quelques-vns ſuppoſent ce Principe pour le premier, l'Eſtre eſt ce qui eſt, parce qu'il n'y a rien de plus certain. Mais comme le Principe doit estre indubitable, & receu de tout le monde ; & qu'il doit estre encore vn Moyen de Demonstration, il n'a point cette seconde proprieté, quand il auroit la premiere, parce que cette proposition ne signifie qu'vne mesme chose, & si elle doit tenir lieu de premier Principe pour sa Certitude, on en peut mettre plusieurs autres au mesme rang, comme, *La substance est ce qui subsiste : La Forme est ce qui informe*, & ainsi du reste. D'autres veulent que celuy-cy soit le premier, *Vne chose est ou* n'est pas; mais celuy qui dit, Il est impossible qu'vne chose soit, & ne soit pas en mesme temps, luy donne souuerainement les deux conditions du Principe, & n'en connoist point de plus haut.

Aristote dit que la Sagesse a quelque chose de commun auec l'Intelligence, parce qu'elle contient les Principes; & qu'elle participe de la Sciéce, parce qu'elle est occupée aux choses qui sont apres les Principes & qui en viennent. Que les Principes que l'Entendement cósidere, sont prouuez d'eux mesmes sans aucune Demonſtration ; & que ce qui ſe fait voir par Demonſtration, appartient à la Science. C'eſt pour cette raiſon qu'il dit qu'elle eſt Intelligence, & Science tout enſemble.

La Sageſſe eſt toutefois differente de l'Intelligence, parceque celle cy ne va qu'à la connoiſſance des Premiers Principes, & que l'autre ne va qu'aux choſes les plus excellentes & les plus hautes qu'il faut connoiſtre par ces Principes. Elle eſt encore differente de la Science particuliere, en ce que celle-cy ne regarde pas l'Eſtre en general ; mais s'approprie vn Obiet, & des Principes particuliers, & que l'autre a des Principes generaux, & connoist l'Estre dans toute son étenduë.

CHAPITRE IV.

De la Science.

LA Science qui est vne Connoissance d'vne chose par sa Cause propre, & necessaire, est diuisée en Actuelle qui est cette Connoissance qu'on a de la chose, & en celle d'Habitude. La derniere est vne Habitude de l'Entendement, certaine, veritable, euidente d'vne chose necessaire par sa propre Cause. Elle doit estre certaine, pour estre distinguée de la Foy humaine, & de l'Opinion qui ne le sont pas; veritable, pour estre distinguée de l'Erreur; Euidente, pour estre distinguée de la Foy surnaturelle, qui pour estre certaine & veritable, ne laisse pas d'estre obscure; & d'vne chose necessaire par sa Cause propre, pour estre distinguée de l'Intelligence qui est vne connoissance des premiers Principes dont on ne

LE PHILOSOPHE
peut donner la Cause. Mais comme Aristote nomme les Sciences nos propres Ouurages, & que la Nature, selon quelques-vns, est plus puissante que toutes les instructions ensemble, on pourroit demander qui des deux nous porte le plus heureusement à la Science, ou de la Nature, ou du Trauail.

Quoy que Ciceron ait dit qu'il n'y auoit rien qui ressemblast mieux à la guerre que les Geants firent aux Dieux, que de combattre la nature, pour monstrer que celle-cy pouuoit estre aussi peu surmontée

montée par le trauail, que les Dieux le furent par les Geants; il a pourtant voulu nous perſuader que Xenocrate qui auoit vn eſprit fort rude, s'eſtoit rendu tres ſçauant dans la Philoſophie naturelle, & Morale, par ſon trauail. Il rapporte encore que Cleanthes fut ſtupide iuſques à eſtre rebuté de tous les maiſtres de ſon temps, & qu'il en deuint ſi honteux, qu'il n'eut d'autre penſée que celle de s'addonner à l'eſtude, & qu'il fit de ſi grands progrez par la peine qu'il ſe donna, qu'il fut appellé depuis en ſçauoir, vn ſe-

T

cond Hercule. Ie pourrois confirmer par vne grande suite d'Histoires, ce qu'il a dit de quelques-vns; mais outre qu'il est certain qu'aucun n'est venu tout instruit au monde, & qu'il n'est point de Science naturelle en l'Homme, nous voyons tous les iours l'effet des preceptes & du trauail. Il est vray que les dispositions naturelles y contribuent beaucoup, & que le bon temperament ne sert pas seulement au corps, mais encore à l'esprit de l'Homme. Ces dispositions ont esté si belles en quelques-vns, & ce temperament si iuste, que Galien oze dire de luy mesme, qu'il découuroit le vray, & le faux par vne lumiere naturelle, & qu'il n'eust pas manqué de tomber en beaucoup d'erreurs s'il eust voulu choisir des maistres. Et quand il examine ce temperament, il le vante si fort, apres Hippocrate, qu'il en fait naistre les vertus, & ne leur donne point d'autre siege.

Il est certain que le téperament est vn grand aduantage pour les Sciëces; quoy que les terres les plus steriles ne laissent pas de donner des fleurs,

& du fruit à force d'estre cultiuées, ceux que la nature a formez de ce beau temperament, raisonnent si bien & si à propos, que Platon, apres en auoir veu de cette trempe, oza soutenir que tout ce qu'on sçait, n'est qu'vne certaine reminiscence, parce qu'ils disent des choses toutes merueilleuses & toutes nouuelles. Huarte dit que ces Esprits sont appellez Capricieux par les Toscans, à cause de la resséblance qu'ils ont auec les chevres qui ne se plaisét point dãs les plaines; mais qui grimpent sur le sommet des Montagnes, & sur le bord des precipices, qui ne suiuent point les chemins battus, & qui ne vont point de compagnie. L'Ame Raisonnable qui rencontre vn Cerueau bien temperé, agit de mesme : Elle s'éloigne des obiets communs, quand elle medite : Il n'y a que la nouueauté qui soit capable de la contenter ; & c'est de cette Ame qu'Hippocrate a dit que la pensée de l'homme estoit la promenade de l'Ame, parce que les autres ne sortent iamais des chemins frayez, & ne croyent point qu'il y ait des découuertes à faire. Tels ont esté Bacon, Techius, Tycho, Copernic, Galilée, Romus, Campanelle, Gilbert : Tels font encore Meſſieurs Hobbes, & de la Chambre; & tels eſtoient nagueres Des-Cartes, & Gaſſendi. Ceux qui ne iurent que ſur les parolles de leurs maiſtres, & qui ne ſe tiennent qu'à l'authorité des anciens, reſſemblent à la Brebis qui ne marche que ſur les pas du Belier : Il leur faut de grands chemins, ou pour le moins des ſentiers battus, & pour les obliger de marcher, il eſt neceſſaire de les conduire. En effet on peut remarquer deux differences d'Esprits dans tous les hommes de Lettres. Les vns reçoiuent les opinions les plus receuës; parce qu'ils sont humbles & deffiants, & les autres s'en éloignent, parce qu'ils sont libres. Quand ces differences sont iointes, continuë Huarte qui estoit de ce beau temperament dont ie vien de parler, elles sont de grand poids, & de grand fruit: Et comme les Bergers mettent plusieurs chevres dans vn trouppeau de brebis, pour les faire aller à des pascages nouueaux; il faut aussi qu'il y ait des Esprits inuentifs, pour aduancer ceux qui sont comme des Brebis, pour leur découurir de nouueaux secrets & des Meditations inoüies par qui les sciences & les arts ont accoustumé de s'agrandir.

Ie ne traitte point en particulier de l'Opinion, parce qu'il suffit de sçauoir qu'elle est vne connoissance d'vne chose probable & contingente : Qu'elle est distinguée du Choix qui n'est que dans la Pratique, au lieu que l'Opinion embrasse la Pratique, & la Theorie: Que c'est par le Choix que nous faisons d'vne chose, que nous sommes Bons, ou Mauuais, & non pas par l'Opinion que nous en auons: Que nous ne choisissons iamais les choses qui sont hors de nostre puissance, au lieu que l'Opinion va iusques aux choses eternelles, & qu'enfin l'Opinion peut estre bonne, & le choix mauuais.

Chapitre V.

De la Prudence.

LA Prudence est vne vertu Morale, en ce qu'elle

comprend essentiellemét l'inclination de la Volôté, & qu'elle est la regle & le fondement des Vertus Morales ; & Vertu Intellectuelle, en ce qu'elle nous aprend à bien iuger des choses qui tombent en deliberation. Bias dit qu'elle est entre les Vertus ce qu'est la veuë entre les sens ; & les anciens luy ont donné trois yeux, que Ciceron appelle les parties de cette vertu, la connoissance des choses particulieres & presentes, la memoire pour rappeller le passé, & la preuoyance pour penetrer dans l'auenir. Quelques-vns la definissent vne connoissance & vn choix de ce que nous deuons éuiter ou suiure ; & les autres, vne Habitude de l'Entendement par laquelle nous agissons selon la Raison, dans les choses qui nous peuuent estre aduantageuses ou nuisibles. On la definit Habitude de l'Entendement, pour montrer qu'vn homme ne peut pas estre appellé prudent, sans auoir eu la connoissance de plusieurs choses, sans les auoir bien retenuës, sans s'y estre exercé long-temps, ny sans auoir acquis l'Habitude d'en bien iuger.

Elle est ou Particuliere, ou

Publique, & la Particuliere est ou Réligieuse, ou Ciuile. La Religieuse a le soin des choses diuines, parce que la Prudence Humaine se mesle quelquefois de la combattre, & qu'elle employe bien-souuent pour la confondre, toutes ses raisons & toutes ses forces. Cette Prudence Religieuse est seuere, parce qu'elle nous détache ordinairement de ce qui nous est le plus agreable, pour nous porter à ce qui nous doit estre le plus vtile; & qu'elle nous conseille de mépriser tout ce qui peut estre vn obstacle à la felicité qu'elle nous propose. La Prudence Ciuile regarde les choses qui regardent nos parents & nos amis dont elle preuient ou detourne le mal-heur, & ne se contente pas du Conseil qu'elle leur donne; mais elle les sert encore de la bource, apres les auoir seruis de la langue. La Prudence est differente de la Sagesse, dit Plutarque, en ce que la derniere s'occupe à considerer les choses, & l'autre à regler selon la Raison, toutes les actions de l'homme: Quelle peut estre cette Vertu qu'on nomme Prudence, s'écrie saint Augustin, si ce n'est celle qui nous fait distinguer le Bien & le Mal, afin qu'il n'y ait aucune erreur dans nostre choix, & que nous ne puissions estre trompez dans la fuite du second, ny dans la recherche du premier.

La Prudence publique est celle qui fait vn Bon Citoien, & qui le rend preuoiant pour le Bien public, soit qu'elle établisse des Loix; soit qu'elle iuge; ou qu'elle consulte. Si elle impose des Loix, elle ne les fait pas seulement iustes & raisonnables: Elle les rend intelligibles & claires par les Circonstances qu'elle definit;

& n'en fait pas vne teste à deux visages, tel qu'estoit ce Monstre qui deuint vn des Dieux de Rome. Elle les accommode encore à la temperature des Climats ; aux commoditez des Lieux ; à la conionƈture des Affaires ; à la necessité du Temps; & au naturel des Personnes.

Celle qui se mesle des iugements, a l'equité pour obiet. Elle ne manque point d'asseurer celuy qui l'implore, & n'a pour but, comme la premiere, que l'vtilité publique. Celle qui consulte, ne va pas seulement à ce qui est iuste ; Elle cherche encore vne amitié spirituelle, & des personnes genereuses qui la retirent du Mal qu'elle craint, & qui la portent doucement au Bien qu'elle cherche. De quelque nature que soit la Prudence, elle regarde tousiours la fin. & commence par celle qui est la plus éloignée. Quand elle ne peut pas accorder les choses à ses desirs, elle s'accommode aux choses. Elle se regle par ses forces, & ne va point à ce qui la peut faire soupçonner de bassesse ou de fourberie. Mais comme chaque condition demande sa prudence particuliere:

particuliere : Que chaque mal a besoin de son remede: Qu'il n'est pas possible de compter tous les temperaments, & toutes les maladies, le cours de toutes les choses, ny tous les ieux de la Fortune: Que l'Office de la prudence est de deliberer, & de choisir, & que cette deliberation & ce choix sont d'vne vaste étenduë. Il n'y a point d'apparence de vouloir borner des preceptes pour vne vertu qui embrasse tout. Ce qu'on peut faire dans cette rencontre, est de connoistre les personnes & les affaires;

D'estimer iustement les choses, & de les choisir : De ne rien entreprendre sans conseil, ou sans preuoyance : De tenir vn milieu entre la confiance & la crainte : D'estre discret & constant : De menager l'occasion & de s'en seruir à propos : De ne rien precipiter, & de ne rien laisser perdre : De s'accommoder au temps, au lieu, & à la raison : De donner quelque chose à la Fortune, & de ne s'opiniâtrer pas toufiours contre elle.

Entre les choses de dehors qui seruent à cette vertu, on profite beaucoup de l'experience & de la lecture, & sur tout de la connoissance de l'Histoire qui est la lumiere de la verité, la messagere des téps, & la maistresse de la vie. Outre l'Histoire & l'vsage que Pline appelle le plus grád maistre des choses, le temperament y donne les plus seures dispositions, & nous y códuit presque de luy mesme. Galien qui soutient que la pituite ne sert qu'à faire dormir, soutient aussi que la prudence vient de la Bile. Platon auoit creu auparauant que l'ame estoit fort Sage, quand elle entroit dans le corps, & que l'humidité qu'elle y rencontroit, la rendoit pesante : mais qu'elle reprenoit la Prudence qu'elle auoit auparauant, à mesure que le corps se déseichoit. C'est sur ce principe qu'il a écrit ce beau mot, Que l'esprit ne commençoit à fleurir que quand le corps passoit fleur : Et c'est à ce mesme propos qu'Heraclite a dit que la Splendeur la plus seche estoit la meilleure. Le temperament qui dispose le plus à la Prudence, est à mon aduis le froid & le sec, comme celuy des vieillards. Et ce n'est pas seulement d'Aristote ; mais encore de l'experience que nous apprenons que les Animaux qui ont ce temperament, ont aussi la plus viue image de la Prudence, comme les fourmis & les abeilles.

CHAPITRE VI.

De l'Art.

CE mot est pris quelquesfois pour industrie ; & c'est ainsi que nous disós qu'vne chose est faite auec Art ; ou pour vne certaine connoissance qui conduit à vne fin qui est vtile, & comprend toutes les

V iij

Sciences pratiques, & tous les Arts; ou pour chaque discipline, sans excepter mesme les Sciences particulieres. C'est en ce sens qu'Aristote a mis les Mathematiques entre les Arts; qu'on en fait sept Liberaux, *la Grammaire, la Rhetorique, la Logique, l'Arithmetique, la Musique, la Geometrie, & l'Astronomie*, & que quelques-vns y adioutent *la Iurisprudence, & la Medecine*. Galien qui nomme l'Art vn Ordre & vn recueïl de preceptes qui vont à vne mesme Fin, dit ailleurs que cette Fin regarde les choses qui sont vtiles à la vie; & quoy qu'ils semble auoir entrepris de definir l'Art pluſtoſt que de le decrire; & qu'on puiſſe dire la meſme choſe de la Prudence, il s'accorde pourtant en cecy, auec Platon qui veut que les Arts qui ſeruent de meſures & de regles, ſoient autant d'eſpeces de Prudence; ou qu'ils en ſoient pluſtoſt comme autant de pieces partagées diuerſement dans l'vſage de la vie de l'Homme. Lorsqu'Ariſtote nomme l'Art vne Habitude de l'Entendement qui agit hors de ſoy, il ne parle que des Arts particuliers:

V iiij

mais à parler generalement de l'Art, ce n'est autre chose qu'vne Habitude par laquelle nous sommes propres à faire vn ouurage, ou bien vne Habitude de l'Entendement qui nous instruit à des actions ordinairement exterieures, par le souuenir de plusieurs preceptes, ou de plusieurs experiences.

L'Art est distingué de la Science, parce que la Fin de celle-cy est de connoistre ou d'agir, que la Fin de l'Art est de faire : Que la Science est occupée apres les choses qui ne changent point, & l'Art aux choses qui peuuent changer : Que la Science medite sur des ouurages qu'elle ne fait point, comme sur les cieux, & sur les Astres, & que l'Art medite sur ce qu'il fait : Que la Science prend son nom de son obiet, & l'Art de sa fin : Que la Fin de l'Art est la premiere connoissance qu'il doit chercher, & que c'est par elle qu'il commence ; Que les Sciences speculatiues regardent les premieres connoissances, & les principales.

L'ëploy de l'Art est d'imiter ou de perfectionner la nature. Il en est le Reformateur dans

LE PHILOSOPHE

celuy-cy, & le Singe dans celuy-là: dans l'vn il emprunte d'elle, & dans l'autre il luy donne ce qui luy manque.

Ceux qui ont le plus d'imagination, sont les plus propres aux Arts, parce que l'Imagination consiste dans la Chaleur qui éleue plusieurs images, & qui découure par ce moyen à l'Entendement tout ce qu'il est capable de connoistre : Et quand mesme on ne peut plus rien trouuer, cette Imagination forme des Chimeres, compose des choses possibles, & fait des liaisons de ce que la Nature n'a peu ioindre. Mais comme on dit que les Melancoliques sont les plus ingenieux, que la Melancolie est froide & seche, & qu'Aristote luy donne le prix des Arts, il est necessaire de montrer que la premiere opinion se raporte à la secóde; quoy qu'elle en paroisse fort éloignée. Les Medecins & les Philosophes ont employé beaucoup de temps à rechercher les qualitez du Vinaigre, des Cendres, & de la Colere Brulée, dit Huarte, àpres auoir veu des effets remarquables de chaleur & de froideur dans ces trois choses: ce qui a partagé leur creance. Cependant, il est certain que toutes les choses que le feu a consumées, ont vn temperament inegal : Que la meilleure partie du suiet est froide & seche, & qu'il y a des parties entre-meslées si brulantes, si subtiles, & si delicates, qu'elles ne laissent pas d'agir auec plus de force, que tout le reste; quoy qu'elles n'y soient pas en si grande quantité. C'est ainsi que le Vinaigre & la Melancolie brulée entr'ouurent la Terre, & la font leuer comme vne paste, par leur chaleur, au lieu de la resserrer; quoy que la plus grande partie de ces Humeurs soit froide. Par ce principe, l'Entendement & l'Imagination ne sont pas toufiours incompatibles, parce que la Melancolie brulée est propre à l'Entendement par sa secheresse & par sa froideur, & à l'Imagination par cette chaleur secrette. Et c'est de là qu'Aristote tire la diuersité de nos mouuements, quand il dit que les Melancoliques ne s'accordent pas toûjours auec eux mesmes, parce que la Colere brulée est vne Humeur fort inegale, & qu'elle est tantost froide, & tantost chaude. En effet les Melancoliques sont fins, opiniastres, impies, voluptueux & superbes, quand cette Melancolie s'enflamme : & quand elle se refroidit, ils sont humbles, chastes, deuots & dociles : de sorte qu'ils ont chez eux la guerre ou la paix, selon que cette humeur s'enflamme ou se refroidit. Aussi voyons-nous que ceux qui excellét en quelque Art, sont ordinairement changeants, bizarres, méchans, débauchez, parce qu'ils se laissent conduire à leur inclination Naturelle : Qu'ils sont adroits à faire le Mal : Qu'ayants beaucoup de Chaleur, ils ont beaucoup d'imagination, & que la mesme qualité qui les rend subtils, les porte au Vice.

CHAPITRE VII.

De la Vertu Morale.

DE toutes les choses, la Vertu en est la plus profitable, selon Thales: C'est elle qui nous rend enfans adoptifs de Iupiter, pour vser des termes du grand Alexandre: Qui nous fait ressembler aux Dieux, comme dit Seneque,

& qui nous vnit à Dieu, pour parler auec les Philosophes du Christianisme. Cóme la Vertu ne laisse pas d'estre belle, encore qu'elle soit dans la boüe, & sur le fumier; le Vice ne laisse pas aussi d'estre honteux, encore qu'il soit sur le thrône, ou dans la pourpre; de la mesme sorte que les bonnes odeurs parfument iusques aux haillons & qu'il sortoit, selon le Poëte, vne puanteur insupportable des vlceres qui estoient cachez soubs le precieux vétement d'Anchise.

Galien qui fait dépendre du Temperament, les Vertus intellectuelles,

tellectuelles, en fait dépendre aussi les vertus Morales. Mais cette opinion est d'autant plus fausse que les Vertus sont des Habitudes spirituelles : Que l'accident doit estre de la nature du suiet qui le reçoit : Que l'Ame estant ce qui remuë, & le Corps ce qui est remué, il est plus iuste d'établir la Vertu dans ce qui agit, que dans ce qui souffre. L'Homme seroit forcé par sa bonne ou mauuaise inclination qui luy viendroit du Temperament, si les vices & les vertus en dépendoient ; & il ne meriteroit ny chastiment, ny recompense, parce qu'il ne se porteroit aux choses que comme vn Agent naturel, & non pas comme vn Agent libre. Aristote prouue en peu de mots que la Vertu ne vient point auec nous au Monde, quand il dit que ce qui vient de la Nature, & ne part d'aucune Habitude, va toûiours d'vn cours egal, & ne passe point à son contraire, comme la Pierre qui décend naturellement en bas, par sa pesanteur, pour estre mille fois poussée en haut, ne s'accoustumera iamais à monter ; & quand il conclud que la Vertu Morale s'accroist toûsiours par l'accoustumance, & que c'est par elle, qu'elle se porte tantost d'vn costé, tantost d'vn autre. Il le fait voir plus clairement, quand il dit que la Puissance est premiere que l'action dans les choses qui nous viennent de la Nature, comme la Puissance de voir est tousiours premiere que l'action de la veuë; & qu'il montre en suitte, qu'en nous les actions de vertu deuancent tousiours les Habitudes, puis que celles-cy viennent des actions souuent reprises, & recommancées. En effet on deuient Temperant & Iuste à force de faire des actiós

LE PHILOSOPHE

de Temperance & de Iustice. Ce n'est pas qu'Aristote, & les Philosophes mesmes qui sont rarement de son opinion, ne soutiénent que la nature contribue beaucoup à la vertu, & qu'ils ne disent que nous sommes Bons par trois choses, par la nature, par l'Accoustumance, & par l'Education. Mais comme l'accoustumance presuppose la Nature, par elle, ils n'entendent parler que des priuileges de la Nature, c'est à dire d'vn beau Temperament, d'vn esprit subtil, d'vn iugement solide, d'vne memoire fidelle, & des semences de

Vertu qui sont les connoissances generalles des Propositions par lesquelles on peut distinguer les choses vtiles & loüables, d'auec celles qui ne le sont pas. Aussi quelques-vns n'ont peu mieux definir la vertu Morale, qu'en disant qu'elle estoit vne Habitude vtile & loüable; vtile, pour montrer qu'il faut qu'il en reuienne quelque bien, à nous, à nostre prochain, ou à tous les deux ensemble. Par ce Principe l'action qui n'est vtile ny à celuy qui la fait, ny à son prochain, ne peut estre appellée vertu. Or la vertu ne peut estre vtile à vn homme, si elle n'est vtile à son prochain : & c'est ainsi qu'elle est loüable, parce qu'elle est vtile à tous les deux : Mais parce que cette definition semble estre commune aux vertus Intellectuelles, & aux Morales, ie suiuray l'Opinion la plus receuë, & la plus receuë en est à mon aduis la plus veritable.

La vertu Morale est à proprement parler vne Habitude de Choix établie dans vn Milieu qui se rapporte à nous & à l'ordre que la Prudence nous prescrit. On la definit Habitude de Choix pour la distinguer des Habitudes qui sont dans l'Entendement, & l'on dit qu'elle est dans vn Milieu, pour la distinguer des vices qui sont dans l'excez ou dans le defaut. On adioute qui se rapporte à nous & à l'ordre de la Prudence, pour faire le discernement de ce milieu, & pour montrer que la Prudence entre dans toutes les vertus Morales. Or il y a vn Milieu qu'on appelle de Bonté, c'est à dire qui est Bon mediocrement : vn Milieu qui participe des deux extremitez, comme la tiedeur est vn Milieu entre ce qui est chaud & entre ce qui est froid, parce qu'il participe de l'vn & de l'autre. Il y a vn milieu qui est entre deux extremitez égales, comme six, entre trois & neuf: Et vn Milieu qui est dans l'égalité des proportions; côme six entre trois & douze. Le premier s'appelle d'Arithmetique, ou de la Chose, & le second de Geometrie, ou de Raison.

Sur ce fondement on peut dire que la vertu n'est pas dans vn Milieu de Bonté, parce que la vertu n'est pas mediocrement, mais souuerainement Bonne: Qu'elle n'est pas dans vn milieu qui participe des extremitez, parce qu'elle seroit composée de deux vices. Elle n'est pas encore dans vn milieu de la chose, parce que les vices seroient egaux. Il faut donc qu'elle soit dans vn Milieu de Raison, parce qu'elle a égard à beaucoup de circonstances, comme aux Personnes, aux Obiets, au Temps & au Lieu: Que la Raison nous est absolument necessaire pour trouuer ce Milieu entre l'excez & le defaut; & pour tout dire, la mediocrité des Obiets, & le milieu des Habitudes.

Pour paruenir à ce Milieu, il est necessaire de s'eloigner de l'Extremité qui s'éloigne le plus de la vertu, & de celle où la Nature nous porte le plus: De sçauoir que l'Extremité qui nous paroist la plus agreable, nous doit estre la plus suspecte: De ne se point hazarder au premier mouuement qui nous ébranle, & qui nous pousse; mais d'examiner l'action, & de la suspendre. De conuerser auec ceux à qui nous voulons ressembler, & de suiure la Vertu pour elle mesme, & non pas pour la Gloire qui la doit suire.

Il y a mesme des conditions necessaires à cette Action, &

des Circonstances qui nous doiuent estre considerables. Il faut qu'elle soit bonne : Que la Fin en soit honneste : Que les Moyens qu'elle employe pour y arriuer, soient iustes : Qu'on s'y porte d'vn visage gay ; sans murmure & sans contrainte : Et que ce plaisir soit accompagné d'vne Resolution vigoureuse, ferme, & constante.

Si l'on en excepte l'Amitié Honneste, puis que ne pouuant auoir trop de vertu, nous ne sçaurions aussi trop aimer ceux dont la vertu entretient nostre amitié, il n'y a que la iustice selon quelques Philosophes qui n'eſt point entre deux extremitez, comme les autres vertus Morales, parce qu'il n'y a que l'Iniuſtice oppoſée à la Iuſtice : Qu'on ne ſçauroit pecher contre elle, par l'excez, mais par le defaut, & que c'en eſt vn, que de ne pas rendre à chacun ce qui luy eſt deu legitimement. On oppoſe toutesfois qu'on peche dans l'excez, contre la Iuſtice, quand la peine eſt plus grande que la faute, ou la recompenſe plus grande que le merite : Mais ils répondent que celuy qui donne à vn autre plus qu'il ne luy eſt deu, eſt prodigue, & non pas iniuste : Qu'il peche contre la liberalité, & non pas contre la iustice ; & que celuy qui n'egale pas la peine à la faute, mais qui porte la peine au de là du crime, peche seulement dans le defaut de la iustice, parce qu'il ne rend pas au coupable ce qui luy est deu, & que c'est là le defaut de la iustice.

Apres auoir veu en quoy consiste la vertu Morale, il faut voir quelles en sont les especes. Elle s'occupe donc ou sur ce qui nous regarde, ou sur ce qui regarde les autres. Les actions de la premiere nature touchent au Corps, ou à l'Ame : Et celles du Corps ont le plaisir pour obiet, comme la Temperance, ou les Moyens du Plaisir, comme les Richesses, & elles regardent la Magnificence & la Liberalité. Pour les choses qui appartiennent à l'Ame, la vertu la porte aux plus hautes, & elles regardent la Magnanimité, ou aux incertaines & perilleuses, comme la vaillâce. Pour celles qui regardent le prochain, la vertu conduit les autres à nostre égard, ou nous conduit à l'égard d'autruy. Nos Actions regardent les autres dans les choses, ou dans les paroles; Si elles sont dans les choses, elles appartiennent à la Iustice, & si elles sont dans les paroles, elles comprennent la Douceur, la Courtoisie, & ce qui peut estre de la beauté de la vie Ciuile. Mais comme toutes ces choses sont renfermées dans les trois vertus principales, qui sont la Temperance, la vaillance & la Iustice, ie parleray de ces trois icy en particulier, & ne definiray presque point les vices, parce qu'on les connoistra fort aisement par leurs contraires qui sont les Vertus.

CHAPITRE VIII.

De la Temperance.

LA Temperance qui a pris son nom de la Moderation qu'elle suppose dans la volonté, est principalement occupée apres les plaisirs de l'Attouchement, & du Goust, pour en vser selon la droite raison. Cette droite raison n'est autre chose qu'vne parfaite connoissance, & vn employ iudicieux de tous les moyens qui sont necessaires pour

pour paruenir à vne fin auſſi bóne qu'on peut la ſouhaiter: Et cette fin n'eſt pas ſeulement la iouiſſance d'vn Bien & la deliurance d'vn Mal; mais la iouiſſance d'vn plus grand Bien, & la deliurance d'vn plus grand Mal, parce que les plus grands Biens ſont toûjours les plus deſirables, & que les plus grands Maux ſont le plus à euiter. Sur ce principe, il eſt certain que le Temperament abádonne les moindres plaiſirs pour s'attacher aux plus grands, & que s'il s'en rencontre deux dont l'vn ſoit recommandable par ſa durée,

& l'autre par sa grandeur, il regarde tousiours celuy qui merite le plus d'estre estimé, qu'il estime selon le Bien & le Mal qui en arriuent.

I'ay dit que cette vertu regardoit l'attouchement, & le Goust, parce que les plaisirs de l'Ouye, de l'Odorat, & de la Veüe se rapportent plus à l'esprit: Qu'ils n'affoiblissent point le corps, comme ceux des deux autres sens: Et quoy qu'il y ait des Hommes qui n'ayent presque point d'autre plaisir que celuy de la peinture, des parfums, & de la musique, ce ne seroit pourtant pas estre Philosophe, que de les accuser en cecy d'intemperance. Il est mesme necessaire de sçauoir que quand on la definit vne habitude de la volonté qui tient vn milieu dans les voluptez du corps, on entend plus parler de l'Attouchement que du Goust; car elle ne regarde presque point ce dernier, selon Aristote. Elle a pour excez l'Intemperance qui est comme vn torrent qui se déborde; & son defaut n'a point de nom, si ce n'est vne certaine stupidité qui est comme vne Eau dormante. Par l'excez on est pire que la

Beste; & par le defaut il semble qu'on n'est pas homme. Nous sommes furieux dans l'vn, & ladres dans l'autre.

La Temperance commande aux Plaisirs, dit Seneque, & de ces plaisirs il y en a quelques-vns qu'elle fuit; quelques autres qu'elle chasse; & d'autres qu'elle choisit. Et ne va iamais à eux, pour eux mesmes. C'est vn reglement des Conuoitises naturelles & necessaires, dit Plutarque, & vn rétranchement des étrangeres & des superflües; parce qu'entre les Conuoitises il y a beaucoup de difference. Celle du manger & du boire est necessaire & naturelle; & celle de l'amour n'est point necessaire, puisqu'il est aisé de viure, & de s'en passer. Il y en a d'autres qui ne sont ny naturelles ny necessaires; mais qui viennent de dehors, c'est à dire de l'Ignorance du Bien, & d'vne opinion fausse & vaine : Et celles-cy sont en si grand nombre, qu'elles chassent les premieres, de la mesme sorte que les étrangers forcent quelquefois les Habitants naturels d'vne ville, & qu'ils les en chassent.

La Temperance, selon le

mesme, est distinguée de la Continence, parce que la premiere gouuerne l'Ame comme vn Escuyer gouuerne vn Cheual des-ia dompté qu'il trouue obeissant à tout ce qu'il luy demande: Au lieu que la Continence ne cede à la Raison, que comme vn Cheual fougueux qui porte son maistre tantost à droit, tantost à gauche, & qui ne luy obeit que quand il n'a plus la force de luy resister. C'est de là que quelques-vns ne veulent point que la Continence soit vne vertu entiere & parfaitte, parce qu'elle ne se rend que quand elle ne peut plus combattre. Comme ceux-cy ne font qu'vne demi-Vertu de la Continence, de l'Incontinence, ils n'en font aussi qu'vn demi-Vice; & soutiennent que l'Intemperance est le Vice entier, parce que sa Conuoitise est mauuaise, & sa Raison corrompüe: Qu'elle est poussée par l'vne à ce qui n'est pas honneste, & que par l'autre elle iuge mal de ce qu'elle cherche; de sorte qu'elle perd tout sentiment de ses fautes: Au lieu que l'Incontinent se conserue la liberté de la Raison, & ne se laisse aller à sa Conuoitise que parce qu'elle se rend maistresse de la Raison qui la doit conduire. Elles different donc, en ce que la Raison est forcée dans l'vne; & ne combat pas seulement dans l'autre: En ce que l'Intemperant suit sa Passion, l'approuue, & la loüe; & l'Incontinent s'y laisse aller apres quelque resistance: En ce que l'Intemperant se réioüit de sa faute, & l'Incontinent s'en afflige: En ce que celuy-là s'y porte d'vn visage gay, & que celuy-cy ne s'éloigne du Bien honneste qu'auec vn visage triste, & vne Ame toute en desordre. Leurs paroles ne sont pas moins differentes que leurs sentiments, continuë Plutarque, & comme l'Intemperant dont la Raison n'est pas saine, ne craint point de publier qu'il y a de la folie à se refuser quelque chose, & qu'il court de luy mesme à sa ruine; l'Incontinent à qui la Raison est restée, excuse ses fautes, à mesure qu'il les commet; tasche de faire pitié par ses foiblesses, & remontre à ceux qui le plaignent, qu'il a esté entraisné par ce qu'il eust esté honteux de suiure. Le Sage n'est donc pas Continent, mais Temperant: Et l'Insensé n'eſt pas Incontinent, mais Intemperant; parce que le Temperant fait ſon plaiſir des choſes Honneſtes, & que l'Intemperant ne fait point ſon auerſion des choſes qui ne le ſont pas: Et comme l'Ame du Continent eſt touſiours troublée, celle du Temperant eſt calme & paiſible. Enfin l'Intemperant eſt moins à craindre que l'Incontinent, ſelon Ariſtote, parce que l'vn peche par accouſtumance; & que l'autre peche par nature: Que la maladie du ſecond eſt plus dangereuſe que la maladie du premier, & qu'il eſt plus aiſé de remedier à la couſtume qu'à la Nature. La raiſon eſt qu'vne Habitude eſt ſouuent reformée par vne autre Habitude : Mais pour la Nature, elle ne peut eſtre pouſſée dehors, quoy qu'on la chaſſe auec la fourche, comme dit le Poëte.

Cependant, comme la Temperance regarde le Gouſt en quelque façon ; l'Abſtinence, & la Sobrieté en ſont les eſpeces. L'Abſtinence qui meſure le plaiſir du Manger, eſt oppoſée à la Gourmandiſe qui eſt nommée par Platon l'amorce de tous les Maux, & par Bion le tombeau de la Raison ; Et l'on peut dire de tous ceux qui s'adonnent à ce Vice, ce que Platon le Comique dont parle Athenée, disoit autresfois de Philoxene, que ses pensées les plus serieuses ne sortoient point de la Cuisine. La Sobrieté qui est dans le Boire, est opposée à l'yurongnerie, & ces deux especes de Temperance, sont accompagnées de deux autres, de la Chasteté; & de la Pudeur qui abhorre iusques aux regards qui peuuent la rendre suspecte, & que la Bien seance ne peut souffrir.

CHAPITRE IX.

De la Vaillance.

LA Vertu dont ie viens de parler, est ordinairemét pour la retraitte, & celle-cy est presque tousiours pour la charge. Il faut bien que cette Vertu soit grande, dit Seneque, puisqu'elle est tousiours aux prises auec les miseres extremes: Qu'elle soit merueilleuse, dit Ciceron, puisqu'elle ne se rend iamais à ce qui l'attaque, & qu'elle soit belle, selon les Stoïciens, puis qu'elle ne combat que pour la iustice. Il y a selon Aristote vne Vaillance qu'on nomme Ciuile, quand vn Citoyen combat de peur de passer pour infame : Quand il combat de peur d'estre condamné par les loix qui punissent de mort la fuite : Quand la Colere & l'Esperance le portent dans le danger, & quand il va par vne ambition dereglée, pour en tirer quelque profit & quelque gloire. Il y a selon le mesme Philosophe vne autre vaillance qu'on appelle militaire, quand quelqu'vn s'expose au danger par vne longue experience qu'il s'est acquise dans la guerre: Quand il s'y iette dans la fureur: Quand il y court dans l'asseurance de la Victoire que luy donne la hardiesse, ou le nombre de ses soldats: Quand il s'y precipite dans l'ambition de se faire souuerain: ou quand il s'y engage par ignorance ou par folie: Qu'il ne se deffie point du Mal qui le trouble apres, & qui l'épouuante: Ou qu'il s'élance tout seul au milieu de ses Ennemis qui ne peuuent manquer de le mettre en pieces.

De toutes ces especes de

vaillance il n'y en a pas vne qui soit veritable, quoy qu'il y en ait quelqu'vne meilleure que l'autre ; mais la Vaillance dont ie veux parler, a de plus nobles Principes. Elle est vn Milieu entre la Lâcheté & la Temerité, selon Aristote, & nous empesche de mépriser, & de craindre plus qu'il ne faut, le peril qui nous menace. Elle est telle qu'elle est nommée simplement Vertu, comme si elle estoit la premiere : Et comme elle n'entreprend aucune chose, qu'apres l'auoir bien examinée, & qu'elle ne trouue point insupportable ce qui luy arriue,

arriue, ny mauuais, ce qui est necessaire, elle se prepare à toutes sortes d'accidents, & ne perd iamais le iugement ny la veuë. Saint Augustin l'appelle vne qualité de l'Ame par laquelle nous auons accoustumé de mépriser tous les Maux qui sont hors de nostre puissance. Elle éclatte sur tout à l'approche de la Mort qui est la plus terrible de toutes les choses, parce que celuy-là est veritablement Fort ou Vaillant qui la regarde d'vn visage ouuert, & qui ne s'épouuante point à son arriuée. Mais elle n'est point plus éclattante que dans la Guerre ; & c'est là qu'elle se produit auec ce qu'elle a de plus admirable & de plus rare.

Aristote la definit vne Mediocrité à entreprendre & à craindre ; & dit que celuy-là n'est pas vaillant qui craint tout, ou qui ne craint rien, parce que ce n'est pas vn témoignage de Vaillance, mais vne marque de folie, & de fureur, que de ne point craindre les Dieux ; & qu'il y a d'autres choses qui sont à craindre, côme l'Infamie, & la Pauureté. Cette Vertu a pour obiet les difficultez qui se presentent dans la vie, & elle consiste à les surmonter. Il ne faut donc pas imaginer que le vaillant cherche le Mal ou le Peril, comme quelques-vns le croyent, parce que la vertu ne cherche que la deliurance du Mal, & la iouïssance du Bien. Il cherche seulement vne Bonne fin, & quand il rencontre des obstacles, ces obstacles ne l'empeschent point d'agir, parce qu'il est pleinement persuadé de la Bonté des Moyens qu'il employe, & qu'il ne peut pas répondre de la suitte, ny de l'euenement des choses. Aussi ne laisse-t'il pas d'estre

Vaillant, encore qu'il soit mal-heureux, & d'estre digne de loüange au milieu de ses disgraces, parce qu'il montre sa fermeté à les souffrir, comme il a fait voir sa resolution à les surmonter. Celuy qui se tuë, n'est donc pas vaillant, mais furieux. Il est mesme ingrat parce qu'il oste vn Citoyen à la Republique; & se montre lâche, parce qu'il preuient par ce moyen, le Mal qui l'épouuante & qui le menace : Que le vaillant méprise la Mort sans haïr la vie : Qu'il affronte & qu'il soutient le Peril, mais le Peril dont l'honneur est inseparable, c'est à dire celuy qui peut estre vtile à la Republique ; qui peut seruir d'exemple ; & qui est glorieux à celuy qui s'y expose auec prudence & resolution.

La Vaillance a la Temerité pour excez, & pour defaut, la Lâcheté. La difference qui se trouue entre le vaillant & le Temeraire, selon Platon, est que le Temeraire entreprend tout sans rien preuoir : Que le vaillant ne fait que ce que la Prudence luy conseille. Tu seras vaillant, dit Seneque, si tu ne te precipites point dans le danger, pour en estre entierement accablé, comme le Téméraire ; & si tu ne t'en retires point, comme le Lâche. Elles different en vn mot, en ce que le Lâche craint tout ; en ce que le vaillant craint quelque chose ; & que le Temeraire ne craint rien.

On voit donc que la vaillance consiste comme les autres Vertus dans vne conduitte iudicieuse à l'égard de tous les obiets ; & cette Conduitte iudicieuse tend à nostre Bien, puisque le Bien est le but de nos actions. Or cette conduitte à l'égard des difficultez qui se presentent dans la vie, a deux parties, dont l'vne regarde le Mal pour le surmonter, & l'autre pour le souffrir. Celle-cy est la Patience par laquelle nous souffrons constamment le Mal, auec égard à nostre aduantage. Ces derniers mots decouurent la Fin de la Patience, parce que celuy là ne doit pas estre nommé Patient, qui souffre long-téps; mais qui souffre pour vne bonne fin, qui est la iouissance d'vn Bien, & la deliürance d'vn Mal. On adioute constamment, parce que celuy-là souffre constamment qui ne cede point à la douleur, c'est à dire qui empefche que la douleur ne faffe point de fi violentes Impreffions fur fon efprit, qu'il ne regarde toufiours la fin pour laquelle il fouffre, & qu'il ne fonge aux moyens de diminuer ou d'aneantir fa douleur, autant qu'il luy eft poffible. De forte que ceux qui fe font eux mefmes du Mal, & qui s'en font de gayeté de cœur, ne peuuent eftre dits Patients. Il faut plutoft les appeller Infenfez, parce qu'ils renuerfent les fondements de la Nature qui abhorre le Mal, & le fondement de la Vertu qui fe porte au Bien, & qui ne se resout à souffrir le Mal, que quand elle ne peut plus faire autrement, ce qui est tres éloigné de ceux qui le vont chercher.

CHAPITRE X.

De la Iustice.

LA Iustice est d'autā ꝑus releuée au dessus des autres Vertus qu'elle les comprend toutes selon, Aristote; Qu'elle ne reflechit iamais sur son interest particulier, & qu'elle n'a pour but que l'vtilité publique. Elle est appellée par Pindare, la Reine du Monde; Par Seneque, le fondement de la Loy diuine, & le lien de la Societé Ciuile; Par Diogene, le principe du repos de l'Ame; & Socrate veut que toute la Philosophie ne consiste qu'à connoistre & à faire les choses iustes. Agesilas répondit fort bien à ceux qui luy demandoient qui des deux vertus estoit la plus belle, ou de la iustice, ou de la vaillance; Que celle-cy estoit inutile où l'autre regnoit, & que la vaillance n'eust seruy de rien, si tous les hommes eussent esté iustes. Le mesme entendant que les Grecs qui demeuroient en Asie, appelloient le Roy de Perse, le grand Roy : Comment, dit-il, sera-t'il plus grand qu'Agesilas, s'il n'est plus iuste?

On definit la Iustice, vne volonté ferme, constante, & perpetuelle de rendre à chacun ce qui luy appartient, parce que celuy-là n'est pas iuste qui n'a fait qu'vne action de iustice ; mais qui continuë aussi souuent que l'occasion s'en presente. Mais de peur qu'on ne prenne icy la Puissance pour l'Habitude, on la poura definir vne Habitude par laquelle la volonté se porte constamment à maintenir chacun dans son droit. Comme elle a pour obiet, le prochain, elle ne consiste pas seulement à luy procurer tout le Bien que nous sommes capables de luy procurer; mais à le guarentir de tout le Mal dont nous sommes capables de le guarentir; & par le prochain on ne doit pas seulement entendre nostre parent, & nostre amy, mais generallement tous les hommes.

Elle est Vniuerselle, ou particuliere. L'Vniuerselle regarde le Bien en commun qu'elle maintient par ses loix, & se nomme vniuerselle quād elle le considere ; & Legale quand elle s'occupe à le maintenir. La particuliere regarde le Bien de chacun en particulier, & peut estre ou Commutatiue, ou Distributiue. La Commutatiue est dans les ventes, dans les achapts, dans les loyers, dans les fermes, dans les droits de iouïssance, dans les prescriptions, dans les contrats, & dans toutes sortes d'échanges d'vn particulier à l'autre. La distributiue ordonne des Recompenses & des peines ; des honneurs, des dignitez &

des Charges; iuge de la qualité du vice, ou de la vertu; de l'age & de la condition des personnes. La premiere considere ce qui est à chacun, & la seconde ce qui luy est deu. Celle là regle les actions des particuliers: Et comme celle-cy est la vertu des Souuerains & des Magistrats, elle se mesle des Estats, & des Republiques.

La Commutatiue donne des choses égales aux plus inegaux, parce qu'elle regarde l'égalité des choses, & non pas l'égalité des personnes, comme celuy qui achette, reçoit du Bled, du Bois, ou du vin, à proportion de l'argent qu'il a donné. Mais elle ne considere point s'il est riche ou pauure, Bourgeois, ou Iuge: Et cette egalité se mesure par le prix des choses, sans auoir égard à leur grosseur, ou à leur nombre. La Distributiue au contraire regarde l'inegalité des choses dans l'inegalité des personnes: Et la nature du Crime, ou de la vertu, la necessité du temps, l'age, & le rang des personnes, & leurs perfections, ou leurs defauts ont accoustumé de mesurer ses recompenses, & ses peines. La distributiue est beaucoup plus

noble que l'autre, si on la considere comme Vertu, puisque celuy qui reçoit, est ordinairement au dessous de celuy qui donne. Mais si on la considere simplement, comme iustice, elle est moins noble que la Commutatiue, parce qu'en cet estat elle regarde le Bien d'autruy : Que nous nous rendons en quelque sorte ce qui nous appartient, quand nous rendons ce qui appartient au Public, puis que c'est vn Tout dont nous sommes vne Partie. C'est par cette raison qu'elle n'est pas si exacte que la Commutatiue, parce que la iustice
la plus

la plus seuere est celle qui regardé le Bien d'autruy.

La Iustice a pour regles, l'Equité, le droit naturel, le droit des Gens, & le droit Ciuil. L'Equité est vne Vertu par laquelle on quitte la pratique de la Loy particuliere pour obseruer la Loy Generale. Cette Loy qui nous deffend de faire aux autres ce que nous ne voudrions pas qu'on nous fist, comprend tous les preceptes de la Nature. Le droit des Gens nous ordonne de garder celuy des Ambassades, du Domaine, & de la Souueraineté. Il nous deffend encore d'vsurper ce qui est sacré; ce qui est public, & tout ce qui est en commun, comme les Meubles & les Ornements des Temples; le bord des Riuieres, & les Havres. Les regles du droit Ciuil sont en aussi grand nombre que les Coustumes, & les Loix humaines: Et comme elles ont diuers vsages, elles s'obseruent diuersement de tous les peuples. Cependant, elles viennent toutes du Droit Naturel, comme les loix des Contrats, des larcins, & des adulteres: Ou regardent l'Ordonnance absolument, comme celle qui a égard à la liberté de la Chasse ; à la forme des Conuentions, & des Habits, & à la Ceremonie des Mariages. Le droit Naturel est le fondement du Droit des Gens, & du droit Ciuil, parce que ce qui est honneste, est supposé dans l'homme, comme Naturel; encore que la Iustice ne se trouue pas dans toutes les Loix ny dans toutes les Coustumes.

La loy qui est vne Raison particuliere qui commande les choses Bonnes, & qui deffend les Mauuaises, est ou Naturelle, ou Escritte. La premiere est vn sentiment imprimé dans l'Ame, par lequel l'homme est capable de considerer le Bien & le Mal, autant que la connoissance de l'vn & de l'autre luy peut suffire pour le conuaincre par sa propre Conscience; & la loy Escritte est l'ancienne loy qui a fait place à la nouuelle.

L'iniustice est opposée à la iustice, & s'il est vray, comme dit Platon, que celuy qui est le plus iuste, est le plus semblable à Dieu, il est croyable que celuy qui est le plus iniuste, en a perdu la ressemblance. Quelque legere que soit l'iniustice, & quelques Richesses qu'elle nous procure, il faut s'en éloigner autant qu'on peut, disoit Socrate, parce qu'il n'est point de tresor qui vaille la moindre vertu. Platon appelle l'iniustice, vne sedition domestique, & vne Corruption de l'Ame, & dit encore que la iustice qui luy est opposée, ressemble si bien à la Saincteté, que ce n'est pas se tromper que de prendre quelquesfois l'vne pour l'autre.

CHAPITRE DERNIER.

Des Especes de la Iustice.

ON compte ordinairement entre les especes de la Iustice, la Clemence, la Magnanimité, la Magnificence, la Liberalité, l'Amitié, la Reconnoiſſance, la Courtoiſie, la Religion, la Pieté, l'Obeïſſance, & la Verité : Et par ce que ie vay ou definir, ou décrire, ou pourra iuger aiſement des Vices qui ſont oppoſez à ces Vertus. Seneque definit la premiere vne Temperance de l'Ame dans le pouuoir où l'on est de se vanger: vne douceur que fait paroistre le grand au petit à luy ordonner vne peine: Vne inclination à la douceur dans le chastiment d'vne iniure: vne moderation par laquelle on remet à celuy qui a peché, quelque chose de la peine qui luy est deuë: Et l'Escole dit qu'elle est vne Habitude par laquelle ceux qui sont au dessus des autres, leur remettent le tort qu'ils en ont receu.

Le Magnanime garde vne Mediocrité dans le desir des

grands honneurs; & ne se propose que la belle gloire. Il désire l'honneur, parce que de tous les Biens de dehors, c'en est le plus grand; & qu'il sert de recompense à la Vertu. Il le desire pourtant auec bienseance: Il le reçoit auec moderation, & le conserue auec tout le soin dont il est capable. Le fondement de ce desir est la vertu; & l'on peut dire que de toutes les vertus, celle-cy en est l'ornement, parce qu'elle les rend toutes plus maiestueuses, & plus éclattantes. Il ne regarde que l'honneur: Il n'en fait point d'estat s'il ne luy est rendu par des Gens de bien, & par des personnes considerables ; mais il le souhaitte sans empressement & sans ardeur. Il n'est pas seulement moderé dans les honneurs ; il l'est encore dans les Richesses, dans les charges, & dans tous les Biens de la Fortune : Et comme il ne craint personne, il ne sçait point cacher son amour, ny dissimuler sa haine. Il ne voit rien de plus grand que sa vertu, dont l'éclat regle ses actions & ses pensées. Il n'est point vindicatif, & s'il ne se loüe point luy mesme, il ne médit aussi de personne. Il entreprend peu de choses : Mais il veut que les choses qu'il entreprend, soient grandes, & dignes de luy. Enfin il donne beaucoup, & reçoit peu : encore n'est-ce pas sans honte. Et s'il va rarement dans les assemblées, c'est qu'il ne veut point faire croire qu'il affecte d'estre honoré des vns, & qu'il craint de s'abaisser deuant les autres.

Par la Magnificence, nous sommes excitez à l'execution d'vne entreprise que nous auons commencée auec beaucoup de confiance ; & nous nous portons aux grandes dépenses, pour quelque gloire Ciuile, comme à celles des Festins & des Tournois, ou pour la gloire de Dieu, comme à celles des Hospitaux, & des Temples. Elle est differente de la Liberalité, parce qu'elle regarde les plus grandes choses : Qu'elle répond à l'éclat qu'elles luy demandent : Qu'elle les rend dignes de celuy qui les entreprend, au lieu que la Liberalité peut estre occupée aux plus petites ; de sorte que le Magnifique est liberal, & que celuy-cy peut bien n'estre pas Magnifique.

Encore que la Liberalité ne

soit pas vne espece de Iustice, puis qu'elle ne regarde point ce qui est deu à vn autre par la Loy, & qu'elle ne considere que ce qui est deu Moralement & par quelque honnesteté, on ne laisse pas de l'y rapporter en quelque sorte, parce qu'elle imite la iustice en ce qu'elle regarde le Bien d'autruy. Quoy qu'elle donne, ou qu'elle reçoiue, elle tient tousiours vn milieu, dit Aristote, & merite plus de loüange dans l'vn, que dans l'autre. Elle n'est pas consideré à l'égard des choses qu'elle distribuë; mais l'Action du Liberal est dans l'habitude de celuy qui donne, & qui mesure ses presés à son pouuoir. Et c'est pour cela, continuë ce Philosophe, qu'vn homme qui donne peu, ne laisse pas d'estre Liberal, s'il n'a pas beaucoup à donner; & qu'il ne pratique iamais mieux cette vertu, que quand le bien dont il fait largesse, ne vient point de son industrie, parce qu'il n'a point senty la pauureté. Aussi est-il fort difficile que celuy-là soit Liberal qui n'a pas le soin de conseruer ce qu'il a; & qui ne fait point estat des Richesses pour elles-mesmes, mais qui n'en reçoit des vns que pour en accommoder les autres. Ce n'eſt pas qu'il ne conſidere les perſonnes qui en ſont dignes : Qu'il ne ſçache prendre ſon temps, & qu'il ne regarde le lieu : Autrement il pecheroit contre les regles de cette vertu, & ne pourroit pas fournir à cette dépenſe. S'il arriue qu'il ait paſſé les bornes qui luy ſont preſcrittes, & qu'il ſoit allé au delà de ce qui eſt honneſte, il s'en afflige mediocrement, parce que la Triſteſſe & la Ioye, quand elles ſont mediocres, ne deshonorent point la Vertu ; & ſe faſche plus de n'auoir pas donné quand il le falloit, que d'auoir donné hors de saison. Comme il ne donne qu'à des personnes qui le meritent, il ne prend que de celles dont il peut receuoir sans honte; & quoy qu'il ne le iuge pas fort honneste, il le trouue pourtant necessaire. Le Liberal en vn mot est honteux, quand il reçoit ; n'est pas suiet à demander ; ne reçoit point de ceux ausquels il seroit fasché d'auoir donné quelque chose, & ne prend que ce qui n'est point nuisible à celuy qui donne. Il reçoit parce que celuy qui ne reçoit iamais, ne peut pas tousiours donner: Que celuy qui ne veut rien receuoir, semble condamner ceux qui reçoiuent de luy. Quand il donne, il considere en autruy la bien-veillance, & le merite; il regarde dans la qualité du Bienfait, l'vtilité & la iustice; en soy-mesme, son pouuoir & la bien-seance, & donne toûjours promtement, & de bonne grace.

La Prodigalité est l'excez de cette Vertu, & l'on diroit qu'elle est plus propre à ietter ce qu'elle donne, qu'à le compter. Le Prodigue toutefois a cet aduantage sur l'Auare, qu'il qu'il sert à beaucoup, & que celuy-cy ne sert à personne, non pas à luy-mesme. Mais il est aussi plus blasmable de s'abandonner à toutes sortes de plaisirs. S'il y a quelque consolation pour le Prodigue, c'est qu'il luy est plus aisé d'estre Liberal, qu'à l'Auare: Que l'age & la Necessité le peuuent faire reuenir au Milieu qu'il a passé: Qu'on peut diminuer les choses plus aisement que les agrandir, & qu'il y a moins d'apparence de faire vn Liberal de l'Auare que du Prodigue, comme il est plus malaisé de faire vn Vaillant du Lasche, que du Temeraire. L'auarice voudroit auoir tous les Biens, sans auoir d'autre plaisir que celuy de les regarder; & ressemble au Chien d'Esope qui empeschoit le Bœuf de manger du foin, dont il ne goustoit pas luy mesme. Aristote l'appelle vn vice de l'ame qui nous fait desirer le Bien de quelque costé qu'il vienne, & la met au rang des maladies incurables.

L'amitié est vne espece de Iustice en ce qu'elle regarde le Bien d'autruy, quoy qu'elle en soit differente, en ce qu'elle ne regarde ce Bien que Moralement. Il y en a vne Ciuile qui est entre les Citoyens d'vne mesme ville ; vne qui est naturelle, & qui se trouue en tous les hommes, & vne autre entre les parents : Mais l'Amitié dont ie veux parler, vient de la ressemblance & n'a point d'autre fondement que la vertu. L'amour est different de l'Amitié, parce que celle-cy est vne Habitude, & l'autre vne Passion : Que l'Amour, regarde indifferemment toutes choses, & peut estre entre les Bestes, & que l'Amitié se rapporte proprement aux hommes.

Cette Vertu est plus noble que la Iustice, parce que nous n'aurions point affaire de celle cy, s'il y auoit entre nous vne parfaitte Amitié. Aussi n'est elle autre chose qu'vne vertu par laquelle nous sommes entierement attachez à l'interest de nostre amy, & le fruict de cette Vertu est tel, qu'entre tous les Biens de dehors, celuy d'aimer & d'estre aimé, tient le plus haut rang, selon Aristote. Cependant comme nous auons besoin d'aimer pour la conduitte de la vie, parce que nous ne pouuons pas auoir de nous mesmes la parfaitte Prudence que le Conseil des nos amis nous peut donner: Qu'il est difficile d'auoir plusieurs amis, parce que l'amy est entierement à son amy, & qu'il est malaisé d'estre à plusieurs, il est necessaire de connoistre la fausse amitié de la veritable. Les Pythagoriciens ont definy celle-cy vne chose pareillement pareille; & quelques-autres, vne ressemblance & vne egalité mesme. Elle a la vertu pour obiet, au lieu que l'autre ne regarde que l'vtile; & nous pouuons les distinguer par leurs principes, par leur choix, par leur ialousie, par leur maniere d'agir, par leurs effets, & par leur fin. La veritable amitié vient tousiours de la ressemblance des Mœurs, parce que chacun se plaist auec celuy qui luy est semblable, & la seconde tout au contraire. Celle-là ne choisit que la vertu, parce que la veritable amitié n'est qu'entre les Sages, & que l'autre ne se prend qu'au Vice. L'vne sert au de-là mesme de ses forces, & l'autre relasche dans les choses les plus honnestes. On les peut distinguer encore par leur maniere d'agir, parce que le veritable amy se fait sentir dans les moindres occasions : Qu'il les employe toutes au Bien de celui qu'il aime : Au lieu que le flatteur les fait seruir à son Bien propre, & ne traitte pas mieux les personnes qu'il feignoit d'aimer, que ses habits qu'il laisse, comme dit vn Euesque Anglois, apres les auoir vsez iusques à la corde. L'vn est vtile, l'autre dangereux : Le but du premier est de secourir, & l'autre n'en a point que celuy de plaire.

La Reconnoissance est vne Vertu qui nous porte continuellement dans la Memoire vn Bien receu, & par laquelle nous témoignons, d'effet, ou de volonté, le reſſentiment que nous en auons. Elle eſt oppoſée à l'Ingratitude que les Loix de Dracon puniſſoient de mort, & qui eſt le plus honteux de tous les Vices. La Courtoiſie eſt vne douceur mêlée de quelque choſe de doux, & de graue, qui accompagne nos paroles & nos actions, & qui a meſme paru, ſi belle aux Chinois, qu'ils l'ont miſe, ſelon Trigault, au nombre des Vertus Cardinales. La Religion eſt vne vertu par laquelle nous rendons à Dieu

le Culte que nous luy deuons;
Et la Pieté peut estre appellée
vn Zele qui accompagne nos
presents & nos offrandes; & se
prend aussi quelquesfois pour
cette tendre affection que
nous auons pour nos Parents;
pour nos Maistres, & pour le
Bien de nostre Patrie. L'obeis-
sance, & cette vertu qu'on
nomme veracité par laquelle
nous disons les choses sans les
deguiser, ont encore quelques
vertus apres elles; mais par la
connoissance de celles-cy, on
peut arriuer facilement à la
connoissance des autres.

Ie ne parle point de la vertu

Heroique parce que le siecle des Heros est passé : Qu'il ne s'en trouue plus que dans les Romans, & que c'est beaucoup pour nous que d'estre capables des vertus communes. Il faut seulement imaginer qu'il y a des semences de vertu, c'est à dire des Demi-vertus, ou des vertus imparfaittes : Que celles-cy sont des dispositions & des degrez pour monter aux vertus Morales, & que la vertu Morale est vn degré pour monter à la vertu Heroique. C'est vne vertu éleuée à laquelle on oppose la Barbarie qui vient de la coustume;

de l'ignorance; de la maladie; de la ialousie; de la rage; ou de la vengeance. La vertu Heroique n'est distinguée des autres Vertus que comme les choses grandes des moindres; que comme les plus excellentes des mediocres: Et comme c'est la plus releuée des vertus, le vice qui luy est contraire, est le plus detestable de tous les vices.

C'est tout ce que i'auois à dire, sur cette matiere, Lecteur, & si vous trouuez icy des opinions fausses, ou des expressions inegales & mauuaises, il vous est permis de ne pas croire les vnes, & de ne pas imiter les autres. Mais pour ces dernieres, souuenez-vous que toutes les Beautez n'aiment pas les fleurs: Qu'il y a des matieres assez riches d'elles mesmes sans estre parées, & que le mesme ouurier qui trauaille sur le Plastre & sur le Tuffeau, est contraint de changer d'instrument & d'art, quand il manie le Marbre & le Bronze.

FIN.

Extraict du Priuilege du Roy.

PAr Grace & Priuilege du Roy, donné à S. Germain en Laye, le dix-huictiesme May mil six cens cinquante-deux, & Signé par le Roy en son Conseil, LE BRVN, il est permis au Sieur VRBAIN CHEVREAV, de faire imprimer par tel Libraire ou Imprimeur qu'il voudra choisir, *Le Philosophe Moral*, le faire vendre & debiter durant le temps de neuf ans entiers &

accomplis, à compter du iour que ledit liure sera acheué d'imprimer, & defences sont faites à tous autres Libraires ou imprimeurs d'en vendre ny debiter d'autre impression que celle qu'il aura fait faire, sinon de son consentement, ou de ceux qui auront droit de luy, à cause dudit Priuilege, sur les peines mentionnées en iceluy, ainsi qu'ils y sont plus amplement specifiées, & sera ledit Priuilege tenu pour bien & deuëment signifié en vertu du present Extrait.

Et ledit Sieur Chevreau a cedé & transporté ledit Priuilege à Antoine de Sommaville marchand Libraire à Paris, pour iouir du contenu en iceluy, suiuant l'accord fait & passé entr'eux.

Les Exemplaires ont esté fournis.

Acheué d'Imprimer pour la premiere fois le 10. iour de Iuillet 1656.

Regiftré fur le Liure de la Communauté le 8. Iuin 1656. fuiuant l'Arreft du Parlement du neufiéme Auril 1653.

www.ingramcontent.com/pod-product-compliance
Lightning Source LLC
Chambersburg PA
CBHW052038230426
43671CB00011B/1698